감08 유리
GARM ISSUE 08 GLASS

초판 1쇄 발행 2018년 9월 12일
초판 3쇄 발행 2023년 2월 22일

발행인	윤재선
편집장	심영규
에디터	정신오, 정경화
디자인	이경민
사진	이수연
교정·교열	하명란
발행처	에잇애플㈜
출판등록	2017. 4. 14.(제2017-000078호)
주소	06580 서울특별시 서초구 서래로6 B1층
전화	02-537-1536
팩스	02-537-1532
전자우편	info@8apple.kr
홈페이지	garmmagazine.com
SNS	garm_magazine
	garmssi
ISBN	979-11-89485-02-3
	979-11-89485-00-9(세트)

· 파본이나 잘못된 책은 구입처에서 바꾸어 드립니다.
· 이 책은 저작권법에 따라 보호받는 저작물이므로 무단전재와 무단복제를 금지하며, 이 책 내용의
  일부 또는 전부를 이용하려면 반드시 사전에 저작권자와 출판권자의 서면 동의를 받아야 합니다.
· 책값은 뒷표지에 있습니다.

Printed in Seoul, South Korea
All rights reserved. No part of this publication may be reproduced, stored in a retrieval
system, or transmitted in any form or by any means, electronic, mechanical, photocopying,
recording, or otherwise, without prior consent of the publisher.

감씨는 에잇애플에서 발행하는
건축재료 단행본 시리즈의
브랜드입니다.

GARM Magazine
감 매거진

여덟 번째 재료: 유리

garmSSI

Prologue

통찰의 건축

나는 건축가다. 35년간 외도 없이 설계하며 건축을 했다. 밤을 지새우며 하얀 종이가 연필심이 뭉개져 검게 될 때까지 그리고 지우고 버렸다. 한 장으로 귀결되는 생각을 찾아 수많은 종이와 시간을 흘려보냈다. 이런 '열정의 여정'을 통해 건축의 마지막 단까지 오를 수 있다고 믿었지만, 한참 지나 이 믿음이 오산이었음을 깨닫게 되었다. 그 누구도 이런 오류에 대해 말해준 적이 없었다. 되돌아가 다시 방향을 잡기엔 인생의 시간을 너무 많이 소비해 버렸다.

'건축의 꽃'이라는 설계에 중독되어 학교 설계실에서 20대를 보냈다. 사무소에서 실무를 하며 배운 설계는 실질적이지만 현장과 거리가 멀었다. 책상에서 배운 지식을 현실에는 어떻게 적용할지 피상적으로 대응하며 30~40대를 보냈다. 세월이 지나도 건축에 대한 이해는 제자리걸음이다. 전체에 치중하다 보면 부분을 놓치고, 부분에 집중하다 보면 전체가 흐트러졌다. 그 오류를 벗어날 방법을 찾으려 애썼지만, 알 수가 없었다. 복잡하고 방대한 '건축의 미로'에 갇혀버렸다.

세상은 보이는 것에 치중한다. 의미는 숨겨지고 자극적인 외피가 진실로 추앙받는다. 내면을 들여다볼 여유도 없다. 보이는 것에 치중한 건축은 시야를 흐리고 편식한 지식은 자신을 베어버리는 칼이 되기도, 내면을 가리는 협잡꾼이 되기도 한다. 탄탄한 지식과 경험은 사물을 보고 분별하는 통찰력을 위해 반드시 거쳐야 하는 과정이다. 통찰은 식견이자 안목이고 여러 분야의 지식을 통합해내는 지혜의 집결체다. 다양한 가치 사이의 충돌을 흡수하며 조화롭게 통합하여 미래 방향을 제시한다. 안목을 지닌 건축주는 통찰력 있는 건축가를 알아본다. 그리고 시대를 꿰뚫는 계획을 알아본다. 그래서 그의 제안을 거절하지 못한다. 우리는 통찰력 있는 자를 원하고 그는 세상을 이기고 변화시킨다. 그 통찰력으로 건축의 내면과 외면을 꿰어보자. "구슬이 서 말이라도 꿰어야 보배"라는 속담처럼 그 내외 면을 꿰어낼 수 있는 '실'을 얻기 위해 지금까지의 방식을 멈추고 돈과 외형으로 파묻혀버린 기본을 보자. 화려한 형태에서 벗어나 하나의 구성을 보자.

소재와 재료는 너무 방대하다. 한국의 현실을 반영한 자료는 찾기 어렵다. 체계적인 연구도 없다. 디자인을 배우려면 재료의 물성과 다룸에 대한 이해가 있어야 한다. 재료의 물성을 모르면 쓰임과 다룸에 실수가 생긴다. 물성에 맞는 재료의 선택과 시공 상세를 사용해야 일체화되어 각자의 역할을 해낼 수 있다. 재료의 공간적 감성은 장소성이나 취향으로 이어진다. 때론 재료 본연의 역할을 색다르게 표현하고 다른 재료로 실험해서 혁신을 일으키기도 한다. 이런 창의력은 예술적 행위와 연관된다. 재료를 고찰하지 않는 작가가 훌륭한 결과물을 만들어내기란 쉽지 않다.

사람들은 돈으로 건물을 짓는다고 생각한다. 건축은 자본의 결과물이기도 하지만 건축주의 의지와 건축가, 기술자, 행정가 등 많은 사람의 비전과 가치가 투여되는 과정의 결정체다. 훌륭한 건축은 비싼 공사비가 아니라 일련의 과정을 통해 나온다. 면밀한 계획의 틀 속에 반드시 구현해내려는 목표와 의지가 진정한 과정으로 부응한 건물이 훌륭한 건축으로 발효될 수 있다. 결국 건축은 사람으로 귀결된다. 그 계획을 다루는 과정에서는 특히 통찰력 있는 자가 필요하다. 그래서 우린 사람에 집중한다.

다시 희망해본다. 지금 하는 재료의 탐구 행위가 건축의 마지막 단계까지 다다르게 해주길 희망한다. 재료와 건축 간의 끊임없는 성찰의 시간이 통찰력 있는 건축인의 '실'이 되어주길 희망한다. 과거부터 미래, 의지에서 실현, 개인을 넘어 사회까지, 그리고 현재를 넘어서는 가치를 건축의 과정에 녹여 이 '실'로 꿰어보자. 그렇게 세상을 이기는 '통찰의 건축'을 꿈꾸는 안목을 지닌 건축인들이 배출되어 편협된 가치로 척박해진 이 땅의 건축을 보배로 거듭나게 해주길 기도해본다.

2018년 9월
발행인 윤재선

Editorial Letter

경험을 확장하고 풍경을 만드는 빛나는 경계

『유리건축』의 저자인 박선우(한국예술종합학교 건축학과 교수)는 "우리 주위에 유리를 사용하지 않은 건축물은 없다"고 말한다. 그의 말대로 도심 한복판에 서서 한 바퀴 빙 둘러보면 어느 방향에서든 고층의 유리 파사드 건물을 발견할 수 있다. 예전에는 꽉 막힌 공간의 시야를 열어주고 공간을 쾌적하게 만드는 용도로 유리를 사용했다면 이제는 좀 더 다양한 형태와 기능으로 여러 분야에 활용되고 있다.

영화 '콘택트(2017)'에서 극명하게 대비되는 두 세계의 서로 다른 존재가 유리를 통해 소통을 시작하듯 우리는 수족관이나 로켓의 창 너머로 감히 가까이할 수 없는 것들을 마주한다. 네덜란드의 건축가 그룹 MVRDV는 제2차 세계대전으로 폐허가 된 전통 농가의 형상을 재현하는 데 유리를 사용하였다. 이 유리 건물 글라스 팜Glass Farm은 과거의 흔적을 간직하면서 현대인들이 일상을 보내고 휴식을 취하는 공간으로 남았다. 이처럼 유리의 투명함은 인간이 접할 수 없는 것들을 마주하게 함으로써 물리적인 경계를 희미하게 만든다.

여덟 번째 감 매거진, 유리편은 투명하기 때문에 나타나는 유리의 모습을 외장재, 창, 파티션 그리고 일상용품, 네 가지로 나누어 한층 깊은 시선으로 담아본다. 그 시작은 커튼월이다. 철골구조가 발달하고 기둥-보 구조가 도입되면서 창은 크기의 제약으로부터 자유로워졌고 온몸을 유리로 둘러싼 고층 건물이 하나둘 늘어났다. 벽이 구조체의 기능을 잃고 단순히 칸막이처럼 쓰인다고 해서 이름 붙여진 '커튼월'은 이제 유리 건축을 상징하는 단어가 되었다. 외장재로서의 유리에서는 커튼월과 함께 새로 등장한 분야인 파사드 엔지니어링을 소개한다. 이는 건물의 계획과 시공 과정에서 입면이 구조적으로 안정되면서 에너지 효율을 높이도록 건축가와 함께 고민하는 일종의 컨설팅 개념이다. 한층 세련되고 매끈한 입면의 노하우가 궁금하다면 눈여겨보자.

최근에는 친환경과 에너지 문제 등으로 단열 기준이 까다로워지면서 창에도 여러 성능이 더해졌다. 창으로서의 유리에서는 창틀을 선택할 때 고려해야 할 점과 주의 사항을 소개한다. 건축주의 쾌적한 삶을 위해 창의 위치와 크기를 고민하고 결정하는 건축가의 세심함도 함께 살펴볼 수 있다.

또 실내의 파티션, 가구, 그릇과 같이 건축물보다 더 작은 크기의 유리 제품도 짚어본다. 휴대폰이나 노트북, 그릇과 같은 작은 소품도 쓰임에 따라 고려하는 항목이 다르니 각 기능에 따라 어떤 종류가 쓰이는지 알아보는 것도 일상 속 유리의 자취를 따라가는 즐거움이다.

네 가지 쓰임 외에도 유리에 새로운 기능을 더하고 색다른 방식으로 구축하는 연구가 활발하다. 지스마트글로벌사는 유리 자체로 전광판을 대체할 수 있는 신소재를 개발해 코엑스와 수서역 등 다양한 곳에 적용했다. 아름다운 영상이 건물을 수놓은 밤거리를 보고 있으면 영화 '블레이드 러너(1982)' 속 화려한 풍경을 볼 날도 머지않은 듯하다.

유리는 목재나 석재처럼 자연으로부터 얻어지는 것도, 벽돌이나 콘크리트처럼 직접 건축이 가능한 기본 재료도 아니다. 하지만 인간이 쾌적한 삶을 유지하는 데에는 빠지지 않고 쓰여 왔다. 이제는 한 걸음 더 나아가 인간의 경험을 확장하고 새로운 풍경을 만드는 등 무궁무진한 일을 가능하게 하고자 발돋움하고 있다. 단순히 공간을 구분하는 경계의 역할을 넘어 하나의 미디어로써 스스로 빛날 유리의 모습이 더더욱 기대된다.

책임에디터 정신오

유리는 색과 종류, 노출방식, 시공 방법에 따라 다양한 모습으로 변화하며 도시의 입면을 다채롭게 만든다.

유리블록은 실내에 빛을 끌어들이면서
실루엣이 비치도록 해 일반 판유리와는
색다른 느낌을 준다.

꽃이나 자갈 패턴의 베벨드글라스는
밋밋한 창에 개성을 주어 단조로운
공간이나 빈티지한 분위기를 연출하고
싶을 때 사용하면 좋다.

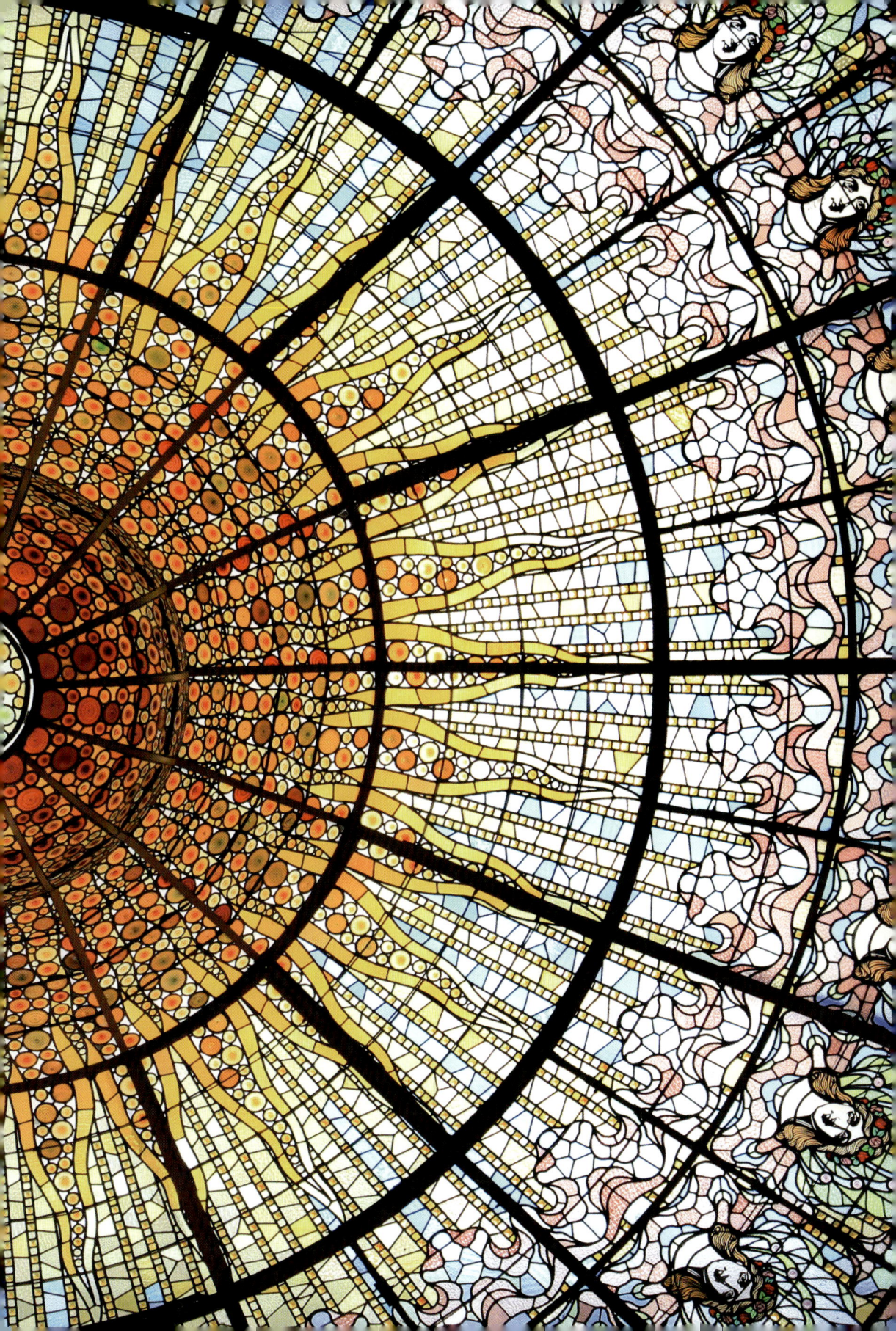

유리의 종류와 코드

강화유리Gte
- 완전강화유리Gte01
- 반강화유리Gte02
- 방화유리Gte03

접합유리Gla
- 방탄유리Gla01

코팅유리Gco
- 로이유리Gco01
- 반사유리Gco02

복층유리Gdo
- 이중복층유리Gdo01
- 이면로이 복층유리Gdo02
- 삼면로이 복층유리Gdo03
- 삼중복층유리Gdo04
- 사중복층유리Gdo05
- 진공유리Gdo06

특수유리Get
- 투명도 가변유리Get01
- 순간 조광유리Get02
- 열선반사유리Get03
- 스테인드글라스Get04
- 베벨드글라스Get05
- 유리블록Get06

GARM

ISSUE 08 GLASS

Contents

Intro
Prologue **통찰의 건축**

Editorial Letter **경험을 확장하고 풍경을 만드는 빛나는 경계**

1. Story of Glass
1.1 History of Glass **유리의 역사: 빛나는 모래로 쌓은 투명함** — 18

1.2 Types of Glass **유리의 종류: 기능을 더한 여섯 가지 유리** — 24

1.3 Manufacturing of Glass **유리산업의 현주소** — 28

Reportage **한글라스 군산공장 방문기** 한국유리공업주식회사 이강훈 전무

Reportage **한글라스 R&D센터 취재기** 한국유리공업주식회사 이영성 상무

2. Issue of Glass
2.1 Energy Efficiency of Window **창호의 단열** — 42

2.2 Glass with Technology **유리에 기술을 더하다** — 46

2.3 Interview **자연에 투명하게 스며들다** 조호건축사사무소 이정훈 대표 — 50

2.4 Interview **도시를 밝히는 미디어 캔버스** 지스마트글로벌 이기성 대표 — 56

3. Usage of Glass
3.1 Various Uses of Glass **유리의 다양한 쓰임새** — 62

3.2 Glass as Curtain Wall **외장재로서의 유리** — 64

Curtain Wall City **도시의 세련됨을 더하는 커튼월** — 66

Interview **건축, 투명한 유리 옷을 입다** 브이에스에이 코리아 김나리 공동대표 — 72

3.3 Glass as the Window **창으로서의 유리** — 80

Windows for a Pleasant Life **생활을 쾌적하게 만드는 창** — 82

Interview **벽돌의 고즈넉함을 담은 창, 일상의 만족도를 높이다** 텍토닉스랩 김현대 대표 — 86

3.4 Glass as the Partition **파티션으로서의 유리** — 92

Transparent Border to Expand Space **공간을 확장하는 투명한 경계선** — 94

Interview **아이들의 모습을 어디서나 볼 수 있는 집** 9cm 안철민 대표 — 96

3.5 Glass in Your Day **공간과 생활 속 유리** — 102

Glass in Daily Life **일상의 유리 들여다보기** — 104

Interview **유리 가구의 청량함에 빠지다** 라이프스타일 편집숍 보에 — 108

4. Supplement
4.1 공간을 한층 빛내 줄 이색 유리 — 112

4.2 유리 제조사에서 추천하는 대리점 — 114

1 Story of Glass

History of Glass

유리의 역사: 빛나는 모래로 쌓은 투명함

글 정신오

'빛나고 투명한 물질'을 일컫는 라틴어, 글라이숨glaesum에서 유래된 단어 유리glass는 지금처럼 단단하면서 투명한 모습을 갖추기까지 많은 시간과 노력이 필요했다. 우리 삶에 지대한 영향을 미친 유리의 발견과 생산기술의 발전 그리고 현대건축에 적용된 모습에 대해 알아보자.

유리의 기원

유리가 쓰이기 시작한 것은 기원전 5000여 년경, 메소포타미아와 이집트에서다. 세계 최초의 백과사전 『박물지Histoire Naturalis』에는 이런 기록이 있다. "천연소다를 파는 페니키아의 무역 상인이 모래사장에서 식사를 하기 위해 배에 싣고 온 소다 덩어리 위에 솥을 얹고 불을 지폈더니 소다 덩어리가 모래와 섞이면서 반투명한 액체로 바뀌며 줄줄 흘렀다." 유리가 어떻게 만들어졌는지에 대한 정확한 기록은 없다. 하지만 많은 전문가는 고온의 열을 가해 광석에서 금속을 추출하고 불순물을 거르는 야금(冶金) 기술과 연관이 있을 것으로 추측한다. 당시엔 제작이 힘들어 상류층만 소유할 수 있던 사치품이었지만 점차 교역품이나 증여품으로 페르시아와 지중해 문화권으로 퍼져나간다.

유리는 로마와 페르시아에서 크게 발달한다. 로마 유리는 긴 대롱에 용융물을 묻히고 입김으로 부풀리면서 형태를 만드는 대롱불기법hand blowing을 이용해 제작됐다. 이 기법은 나무 막대기에 진흙이나 모래를 묻힌 심으로 유리 덩어리를 고정하고 식으면 제거하는 코어글라스core glass 기법의 영향을 받아 기원전 1세기경 개발됐다. 이를 통해 속을 비운 공예품이나 그릇을 제작할 수 있게 된다. 로마가 아시아와 아프리카, 유럽 일대를 통치하는 대제국으로 성장하면서 로마 유리도 세계로 퍼진다. 실크로드를 통해 이를 받아들인 중국의 한나라는 '옥정' 혹은 '수정'이라 부르며 귀족의 사치품으로 썼다. 페르시아 유리 역시 로마 유리의 영향을 받아 그릇과 공예품을 만들었지만, 표면을 원형으로 연마해 페르시아식으로 개발했다. 이는 4~7세기경 로마제국의 세력이 약해지면서 유라시아로 전파된다.

우리나라는 철기시대 무렵 유리를 들여와 삼국시대부터 그릇이나 불교에서 사리를 담는 사리병을 만들었다. 신라시대에 만들어진 사리병은 오늘날의 화병처럼 목이 길고 아래가 둥근 모양으로 녹색을 띤다. 그러나 고려시대로 들어서면서 도자기가 확산되고 유리의 사용이 줄어든다. 8~9세기 서양에서 많이 쓰인 이슬람 유리는 한반도에서 거의 찾아볼 수 없다.

건축재료로의 시작, 창유리

유리를 건축재료로 처음 인식하기 시작한 것은 기원후 79년 인류가 처음으로 창을 쓰기 시작하면서다. 당시 창은 실내에서 활동하고자 빛을 끌어들일 목적으로 낸 구멍에 불과했다. 그 틈으로 비바람과 벌레, 새가 들어왔지만, 채광을 위해서는 막을 수 없었다. 이에 구멍의 크기에 맞춰 유리를 납작하게 만들어 끼운 것이 최초의 창이다. 물론 당시 기술력으로는 불순물을 제거하지 못해 불투명하고 투박했지만, 공간에 빛을 끌어들이고 외부에서 들어오는 이물질을 차단하는 것만으로도 생활의 많은 부분이 개선됐다.

로마 유리 긴 대롱에 용융물을 묻히고 입김으로 부풀리면서 형태를 만드는 대롱불기법으로 만들었다.

페르시아 유리 로마 유리의 영향을 받았지만, 표면을 원형으로 연마해 페르시아식으로 개발했다.

루이 14세는 베네치아에서 많은 유리기술자를 불러들여 1665년 왕립제경소를 세우고 베르사유 궁전에 360개의 거울로 장식된 거울의 방을 만들었다.

발터 그로피우스가 설계한 독일 작센지대의 파구스 신발공장은 강철과 콘크리트 골조로 뼈대를 만들고 3개 층의 외벽을 유리로 마감했다.

이후 기술자들은 좀 더 투명한 유리를 만들고자 불순물이 적은 재료를 선택하는 등 여러 시도를 한다. 그리고 마침내 산화제를 발견한다. 유리의 주원료인 모래에는 철 성분이 포함되어 있는데 높은 열로 녹이는 과정에서 Fe^{2+} 또는 Fe^{3+}로 바뀐다. 이 중 가시광선 투과성이 높은 Fe^{3+}가 유리를 투명하게 만드는 것이다. 기원전 1세기경 이집트 알렉산드리아에서는 산화제인 이산화망간(MnO_2)을 넣어 Fe^{2+}를 Fe^{3+}로 바꿔 유리를 투명하게 만드는 데 성공한다. 이후 이산화망간은 '유리의 비누glass maker's soap'로 불리며 오랫동안 사용됐다.

11세기경 독일에서는 실린더법을 개발한다. 이는 고온에 녹인 유리물을 원통형의 거푸집에 부어 속이 빈 원기둥을 만든 다음 연화점 이상의 온도에서 길이 방향으로 자르고 펼쳐지도록 하는 방식으로 더 큰 판유리를 만들고자 개발됐다. 이를 통해 폭이 45㎝인 판유리를 제작할 수 있게 됐다. 판유리 생산이 가능해지면서 교회에서는 유리에 색을 넣은 스테인드글라스로 성당을 화려하게 장식했다. 이후 실린더법은 13세기경 이탈리아 베네치아에 전파된다. 15세기 무렵에는 알데하이드에 질산은 용액과 암모니아수 혼합액을 넣고 열을 가해서 은을 만드는 은경반응법이 발명되어 판유리를 바탕으로 한 거울이 등장한다. 거울이 유럽에 수출되면서 많은 국가에서 이 기술을 습득하고자 노력한다. 특히 거울의 아름다움에 매료된 프랑스의 루이 14세는 베네치아에서 많은 유리기술자를 불러들인다. 그리고 1665년 왕립제경소를 세워 베르사유 궁전에 360개의 거울로 장식된 거울의 방을 만든다. 이 왕립제경소가 프랑스의 유리제조사 생고뱅Saint Gobain의 전신이다. 이후 생고뱅은 1687년 유리물을 판에 붓고 롤러를 미는 플로트 방법을 통해 유리의 양면을 연마하여 고품질의 제품을 생산하고 이는 현대까지 이어지고 있다.

일일이 작업하던 판유리 역시 20세기에 들어와 자동화되고 대량생산이 가능하게 된다. 1905년 벨기에의 후르콜Fourcault은 가마에서 녹인 유리물을 롤러로 밀면서 수직으로 끌어올려 판유리를 만든다. 그리고 1918년 비헤로우Bicheroux가 2개의 롤러 사이로 용융물을 부어 제작하는 방식을 개발한다. 이후 품질을 높이기 위한 노력이 다각도로 이루어진다. 1959년 필킹톤Pilkington 은 주석 위에 용융한 유리를 흘려보내고 롤러로 두께를 일정하게 한다. 기존에 유리물을 위에서 떨어트린 방식과 비교해 공기가 혼입되거나 유리가 주름지지 않아 더 매끈한 표면을 만들 수 있다.

국내에서 본격적으로 유리를 사용하기 시작한 것은 1876년부터다. 조선이 문호를 개방하면서 서울과 부산, 인천에 일본인을 비롯한 외국인이 창유리를 이용해 집을 지었고, 거울과 유리병이 수입되기 시작한다. 이후 유리병의 수요가 급격히 늘면서 1903년 러시아의 기술협조로 유리제조소가 설립되어 직접 병을 생산한다. 판유리를 직접 제작한 것은 그로부터 반세기가 지난 후의 일이다. 1956년 한국전쟁으로 붕괴된 경제를 전쟁 전 수준으로 회복하고자 건립된 국제연합한국재건단UNKRA, United Nations Korean Reconstruction Agency은 재건사업의 일환으로 인천에 유리공장을 설립한다. 이것이 국내 최초의 건축용 판유리 공장이며 지금의 한글라스의 전신이다. 이후 유리산업은 약 30년 가까이 한글라스에서 독점하다 1980년대 중반 금강(현재의 KCC)에서 프랑스 생고뱅 그룹의 판유리 제조기술을 도입했고, LG가 뒤늦게 합류한다. 이후 자산유리, 국영유리 등 원판을 건축물에 적용할 수 있도록 가공하는 업체가 등장했지만 국내에서 유리를 생산하는 회사는 여전히 이 세 곳뿐이다.

1851년 영국은 런던 만국박람회에서 주철과 판유리로 만든 수정궁을 선보였다.
1.2m 규격의 유리판 30만 장 정도가 지붕과 벽을 감싼다.

프랭크 게리가 설계한 루이비통 재단의 미술관. 1만 3,300㎡에 달하는 곡면 지붕은 3,600개의 곡면 유리 패널로 이루어진다.

MVRDV가 설계한 네덜란드 암스테르담에 있는 샤넬의 부티크, 크리스털 하우스. 옛 저택의 벽돌을 유리로 대체해 도시의 전통적인 건축 양식을 재현한다.

현대건축, 유리 커튼월의 시작

근대건축은 철근 콘크리트 기둥과 슬래브만으로 구조를 해결한 도미노 시스템Domino System이 도입되면서 일정 부분 외피가 담당했던 하중으로부터 해방된다. 벽돌이나 돌을 쌓는 조적 방식이 하중을 지탱하기 위해 창의 크기를 제한했다면 철근이 개발되고 기둥식 구조가 도입되면서 창을 자유롭게 계획할 수 있게 되었다. 1851년 영국은 런던 만국박람회에서 주철과 판유리로 만든 수정궁을 선보인다. 이 초대형 온실은 철로 세운 뼈대에 미리 제작한 창을 부착하는 방식으로 1.2m 규격의 유리판 30만 장 정도가 지붕과 벽을 감싼다. 수정궁은 빅토리아 시대, 산업혁명과 함께 발전한 영국 기술력의 집약체이자 유리 커튼월Glass curtain wall의 시초가 된다.

이후 근대의 많은 건축가가 철근을 바탕으로 창의 크기를 다양하게 선보이는 시도를 한다. 발터 그로피우스Walter Gropius가 설계한 독일 작센지대의 파구스 신발공장Fagus Factory은 강철과 콘크리트 골조로 뼈대를 만들고 3개 층의 외벽을 유리로 마감했다. 건물의 모서리에는 구조물을 두지 않고 유리로만 마감해 채광을 확보하는 동시에 개방성을 높였다. 그는 유사한 방식으로 데사우의 바우하우스Bauhaus를 설계함으로써 유리의 투명함이 줄 수 있는 경계의 모호함을 보여준다. 르 코르뷔지에Le Corbusier는 '근대건축의 5원칙'을 통해 기둥식 구조가 자유로운 입면을 만들 수 있다고 말한다. 기둥을 사용함으로써 벽이 얇아지고 창을 수평으로 길게 낼 수 있게 된 것이다. 그는 빌라 사보아Villa Savoye에서 한 면을 길게 가로지르는 수평창을 계획하여 구조로부터 자유로워진 창을 선보인다. 이후 유리를 구조물에 결합해 외관 전체를 감싸는 현대적인 유리 커튼월이 등장한다. 판스워스 하우스Farnsworth House, 바르셀로나 파빌리온Barcelona Pavilion에서 세장한 철 기둥과 유리로 공간의 경쾌함을 표현한 미스 반 데어 로에Mies Van Der Rohe가 발표한 마천루 계획안은 당시 큰 충격을 가져왔다. 그는 1922년 육중해 보이는 기존의 건물들과는 달리 유리와 철골을 이용해 가볍게 느껴지는 고층 빌딩을 계획했다. 그리고 1958년 뉴욕 맨해튼 중심에 시그램 빌딩Seagram Building을 세우며 오직 철골구조를 이용해 고층의 유리 커튼월을 만드는 데 성공한다. 이렇게 유리 입면을 통해 반사되는 도시는 현대적 건축미를 한층 돋보이게 한다. 이후 유리의 구조적 한계와 강도를 충족하기 위한 파사드 엔지니어링facade engineering 연구를 통해 한층 다양한 형태의 커튼월 건물이 등장하고 이는 현대건축의 상징이 된다.

유리의 진화

현재도 다양한 디자인을 구현하기 위해 유리에 대한 에너지와 기술 연구가 진행되고 있다. 프랑크 게리Frank Gehry가 설계한 파리의 루이비통 재단 미술관(2014)Foundation Louis Vuitton은 1만 3,300m²에 달하는 곡면 지붕을 3,600개의 유리 패널로 마감했다. 돛단배를 연상케 하는 이 건축물의 각 패널은 6mm 강화유리Gt와 8mm 강화유리, 필요에 따라 불투명하게 처리한 프릿유리frit glass를 접합해 만들고 최신 벤딩기계를 이용해 각 부분의 곡률을 맞췄다. 독일 남부도시 프라이부르크의 대학 도서관은 리모델링 과정에서 외관을 유리로 마감해 에너지를 저감했다. 7,400m²의 외부는 태양광에 따라 투명도가 조절되는 삼중복층유리Gdo04로, 낮의 채광을 최대로 확보하며 동시에 단열도 우수하다. 네덜란드 건축가그룹 MVRDV는 유리를 다른 형태로 제작해 시공하기도 했다. 암스테르담에 위치한 샤넬의 부티크, 크리스털 하우스Crystal House는 옛 저택의 벽돌을 유리로 대체해 도시의 전통적인 건축 양식을 재현한다. 그는 글라스 팜Glass Farm에서도 건물의 전통성을 보존하기 위해 유리를 사용했다. 이처럼 현대적인 재료가 이질감 없이 전통과 결합할 수 있는 것은 특유의 투명함 때문이다. 유리벽돌은 첨단 레이저 설비와 자외선 램프를 통해 투명도와 강도를 맞췄다. 또 독일 델로 인더스트리얼 애드하이브DeloIndustrial Adhesives사에서 특수하게 제작한 고강도 접착제를 이용해 벽돌처럼 조적으로 시공했다. 유리벽돌 연구과정에서 불량판정을 받거나, 시공 중 파손된 일부 제품은 고온에 녹여 다시 재활용했다.

유리는 철과 함께 현대의 건축재료로 꼽힌다. 단일재료의 발전만으로 이뤄낸 성과라고 할 수는 없지만, 덕분에 도시와 인류의 생활에 많은 부분이 개선됐다. 현재도 많은 연구가 진행되고 있으며 미래에는 유리를 통해 건축물이 도시의 스크린이 되고 에너지를 생산할 수 있게 될 것이다.

Types of Glass

유리의 종류: 기능을 더한 여섯 가지 유리

글 정신오

유리는 모두 같은 원판에서 시작하지만 어떻게 가공하느냐에 따라 성능과 용도가 달라진다. 일반적으로 건축물에서는 원판보다 코팅하거나 판유리를 붙이는 식으로 가공한 제품이 더 많이 쓰인다. 각 성능에 따라 어떤 유리가 있는지 알아보자.

강도를 높여 파손 위험을 줄인 유리

강화유리Gte 판유리를 700~800℃로 가열하고, 급랭해 만든다. 그 과정에서 표면과 중심부에 온도 차이가 나타나면서 압축력을 견딜 수 있는 응력이 생긴다. 단 가공 후에는 재단이 어렵기 때문에 사전에 규격에 맞게 재단 후 강화해야 한다.

강화유리는 압축응력에 따라 완전강화유리와 반강화유리로 나눌 수 있다. 완전강화유리Gte01는 판유리를 720℃까지 가열하고 급랭한다. 표면압축력은 약 1만psi pound per square inch로 원판과 비교하면 강도가 4~5배 높다. 파손되어도 작은 알갱이로 흩어지기 때문에 덜 위험하지만, 고층부에서 깨진다면 파편이 떨어지면서 2차 사고가 발생할 수 있어 주로 저층부의 출입구에 사용한다.

간혹 샤워부스에 사용한 유리문이 힘을 가하지 않아도 터지듯 깨진다. 일부 불순물이 포함된 불량 제품을 사용한 경우도 있지만 대부분 강화한 제품을 욕실 구조에 맞게 현장에서 재단하거나 복잡한 구조에 끼워맞추는 등 시공하는 과정에서 외부의 충격을 버티지 못해 발생하는 현상이다. 파손된 유리가 사람의 피부에 닿으면 위험하므로 조각들이 흩어지지 않도록 필름을 부착하거나 내부에 필름이 삽입된 접합유리를 사용하는 것이 좋다. 배강도유리라고도 불리는 반강화유리Gte02는 완전강화유리보다 상대적으로 긴 시간 동안 냉각해 표면의 압축응력을 조절한다. 보통 3,500~1만psi로 일반유리와 비교하면 강도가 2~3배 높다. 주로 완전강화유리를 쓰지 않는 고층부를 비롯한 외부에 쓰인다. 반강화유리는 파손되었을 때 원판과 같이 큰 조각이 방사형으로 깨진다. 비산위험이 적은 완전강화유리와 비교하면 조각이 흩어질 위험이 있으므로 균열이 생겼다면 파손 전에 교체하는 것이 좋다.

접합유리Gla 판유리 사이에 투명한 PVB(폴리비닐부티랄, polyvinyl butyral)필름이나 탄성필름을 삽입하고 높은 온도와 압력으로 결합해 만든다. PVB필름은 충격을 흡수해 쉽게 깨지지 않고 접착력이 좋아 파손되었을 때 파편이 흩어지는 것을 막는다. 삼중 이상으로 여러 겹 접합하면 안정성과 구조적 성능을 높일 수도 있다.

액션영화에서 흔히 볼 수 있는 방탄유리Gla01 역시 접합유리의 한 종류다. 방탄유리는 투명 폴리카보네이트polycarbonate필름과 PVB필름으로 탄환이 쉽게 관통하지 못하도록 저항력을 높인 제품이다. 두께는 19~89㎜로 다양하지만 일반적으로 20~40㎜를 사용한다.

건축물에서는 주로 저층부의 외벽, 상가, 학교 등 사람들이 많이 모이는 곳에 쓴다. 자동차의 전면유리나 에스컬레이터의 난간, 유리계단에서도 접합유리를 사용한다.

완전강화유리 판유리를 720℃까지 가열하고 급랭해 만든다. 파손되어도 작은 알갱이로 흩어진다.

반강화유리 완전강화유리보다 상대적으로 긴 시간 동안 냉각해 만든다. 파손되었을 때 방사형으로 깨진다.

복층유리 둘 이상의 원판 사이에 비어 있는 중공층을 두고 간격재로 간격이 일정하도록 고정한 제품이다.

유리의 종류

정의	①판유리	①판유리 ②코팅	①판유리 ②코팅 ③판유리	①판유리 ②중공층 ③판유리 ④간격재
	강화유리 Gte	접합유리 Gla	코팅유리 Gco	복층유리 Gdo
	완전강화유리 Gte01 반강화유리 Gte02 방화유리 Gte03	방탄유리 Gla01	로이유리 Gco01 반사유리 Gco02	이중복층유리 Gdo01 이면로이 복층유리 Gdo02 삼면로이 복층유리 Gdo03 삼중복층유리 Gdo04 사중복층유리 Gdo05 진공유리 Gdo06
	판유리를 가열하고, 급랭하는 열처리 과정에서 표면에 압축응력을 가져 단단해진다.	판유리 사이에 투명한 필름을 삽입하고 높은 온도와 압력으로 결합해 만든다.	고온에서 원판의 표면에 코팅막을 입혀서 만든다.	둘 이상의 원판 사이에 중공층을 두고 간격이 일정하도록 고정해 만든다.
특징	가공 후에는 재단이 어렵기 때문에 사전에 규격에 맞게 재단해야 한다.	삼중 이상으로 여러 겹 접합하면 안정성과 구조적 성능을 높일 수 있다.	코팅면으로 가시광선의 투과율을 조절해 실내의 눈부심을 줄인다.	내부의 중공층이 열전달을 1차로 차단하여 단열성이 우수하다.
쓰임	유리 파티션, 자동차 측면유리	자동차 전면유리	커튼월, 창유리	커튼월, 주거 공간 창유리

특수유리 Get00
투명도 가변유리 Get01, 순간 조광유리 Get02, 열선반사유리 Get03, 스테인드글라스 Get04, 베벨드글라스 Get05, 유리블록 Get06

단열 성능을 높여
에너지를 절약하는 유리

로이유리Gco01 저방사유리Low-E Glass 라고도 하며 1,200℃의 온도에서 판유리의 표면을 은막으로 코팅해 만든다. 은막의 코팅은 가시광선을 투과하고 실내의 열적외선을 반사해 따뜻한 공기가 외부에 새나가는 것을 최소화한다. 사용 조건에 따라 차이가 있지만 냉난방에 쓰이는 에너지를 원판과 비교해 50%, 일반 복층유리보다 25% 절약할 수 있다.

코팅막에 따라 소프트와 하드로 구분하며 방사율[1] 0.02~0.10인 소프트 로이유리를 주로 사용한다. 이는 은, 티타늄, 스테인리스 스틸 등의 금속을 얇게 코팅해 만든 것으로 색상이 다양하고 투명해 열적 성능이 좋다. 하드는 산화주석(SnO_2) 단일물질로 코팅한 제품이다. 하지만 방사율이 0.15~0.20으로, KS기준인 0.12에 미치지 못해 국내에서는 사용하지 않는다.

로이유리는 주택이나 일반 건축물은 물론, 24시간 냉난방을 쓰는 호텔, 병원에 적합하다.

복층유리Gdo 둘 이상의 원판 사이에 비어 있는 중공층chamber을 두고 간격재spacer로 간격이 일정하도록 고정한 제품이다. 유리판의 수에 따라 복층,

로이 복층유리 단면 비교

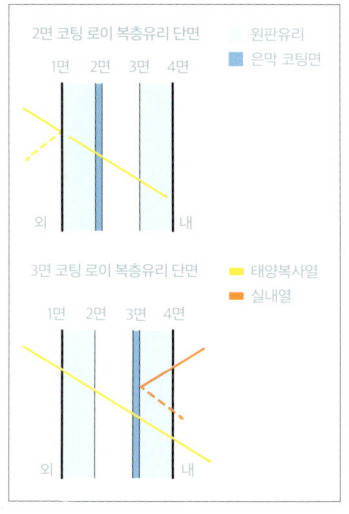

삼중복층Gdo03으로 나뉘며 최근에는 사중복층유리Gdo04도 드물게 사용한다.

복층유리는 투명한 일반 원판 외에도 로이유리를 사용하기도 한다. 외기와 닿는 가장 바깥 면을 기준으로 1면, 2면, 3면, 4면이라고 하는데, 공간의 용도에 따라 코팅 면의 위치를 정한다. 주로 낮에 사람들이 생활하는 상업 공간은 햇빛으로 인해 실내의 온도가 높아지지 않도록 하는 것이 좋다. 때문에 코팅 면을 2면에 두어 태양복사열을 반사하면서 중공층에서 일부 차단하는 것이 가장 효율적이다. 오전이나 밤에 생활하는 주거 공간은 낮시간에 받은 열을 오랫동안 유지해 난방에 쓰이는 에너지를 줄여야 한다. 단열 효과를 높이기 위해서는 로이유리의 코팅 면을 3면에 배치해 태양열은 받아들이고 실내의 난방열을 다시 내부로 반사하는 것이 중요하다.

내가 생활하는 공간에 어떤 유리가 쓰이는지 궁금하다면 네 모서리 중 한 곳을 확인해보자. 복층유리는 유리의 사양을 표시하게 되어 있고 크게 A종, B종, C종으로 구분할 수 있다. 일반적으로는 열처리를 통해 강화한 제품을 이용한 A종을 사용한다. B종은 로이유리를 사용한 제품으로 최근 사용하는 곳이 많아지고 있다. 마지막으로 C종은 열선 반사유리Get03[2]를 재료로 한 제품이다.

복층유리는 단열성이 우수하지만 무겁고 일사에 의해 중공층이 수축, 팽창하면서 표면에 굴곡이 생기고 투영된 이미지가 왜곡될 수 있다.

투과성과 반사율을
조절하는 유리

반사유리 원판에 얇은 필름을 코팅해 만든다. 반사유리는 유리의 반사율로 태양 가시광선[3] 투과율을 조절해 실내 눈부심을 최소화한다. 또 선별적으로 자외선[4]을 차단해 실내의 가구와 생활용품의 변색도 막을 수 있다.

반사유리는 필름의 종류와 두께에 따라 반사율 조정이 가능하다. 반사율이 비교적 약한 약반사유리softly reflective glass는 색유리의 색을 풍부하게 하는 효과가 있다. 국내에서는 약반사유리가 띠는 색 때문에 파스텔 유리라는 명칭을 사용하기도 한다.

반사유리는 코팅 면의 방향에 관계없이 건축물의 내부 및 외부 창유리 시공에 자유롭게 사용할 수 있다. 단, 외장재로 사용하는 경우 실내 환경은 좋아지지만, 외부에서는 반사된 빛이 눈부심을 일으키기도 하니 계획 단계에서 관련 법규를 확인해야 한다.

투명도 가변유리 Get01 전기에너지로 가시광선, 투과율이나 색상을 조절하도록 제작한 제품이다. 두 장의 판유리 사이에 LCDLiquid Crystal Display를 넣고 전원으로 전기를 공급, 차단하여 투명도를 바꾼다. 전원을 켜면 일정 방향의 빛만 투과하는 편광입자가 규칙적으로 배열되면서 빛이 투과해 투명한 상태가 되고, 전원을 끄면 편광입자가 불규칙해지면서 빛이 산란, 흡수되어 불투명해진다.

대구에서는 도시철도 3호선의 차량 창을 매직글라스라고 불리는 순간 조광유리를 이용했다. 이 유리는 3호선이 주거단지를 지날 때 사생활을 침해하지 않도록 한다.

용어정리

1) 방사율 빛 또는 열적 시험법에서 어느 온도에서 얻어지는 물체의 복사와 동일 온도에서의 흑체 복사와의 비.
2) 열선 반사유리 유리 표면에 열선 반사성이 우수한 얇은 피막을 도포한 것으로, 태양의 복사선을 반사하여 건물 내부의 냉방효과를 높이는 역할을 한다.
3) 가시광선 눈으로 지각되는 파장 범위를 가진 빛. 물리적인 빛을 눈에 색채로서 지각되는 범위의 파장 한계 내에 있는 스펙트럼이다.
4) 자외선 태양광의 스펙트럼을 사진으로 찍었을 때, 가시광선보다 짧은 파장으로 눈에 보이지 않는 빛이다. 사람의 피부를 태우거나 살균작용을 하며, 과도하게 노출될 경우 피부암에 걸릴 수도 있다.

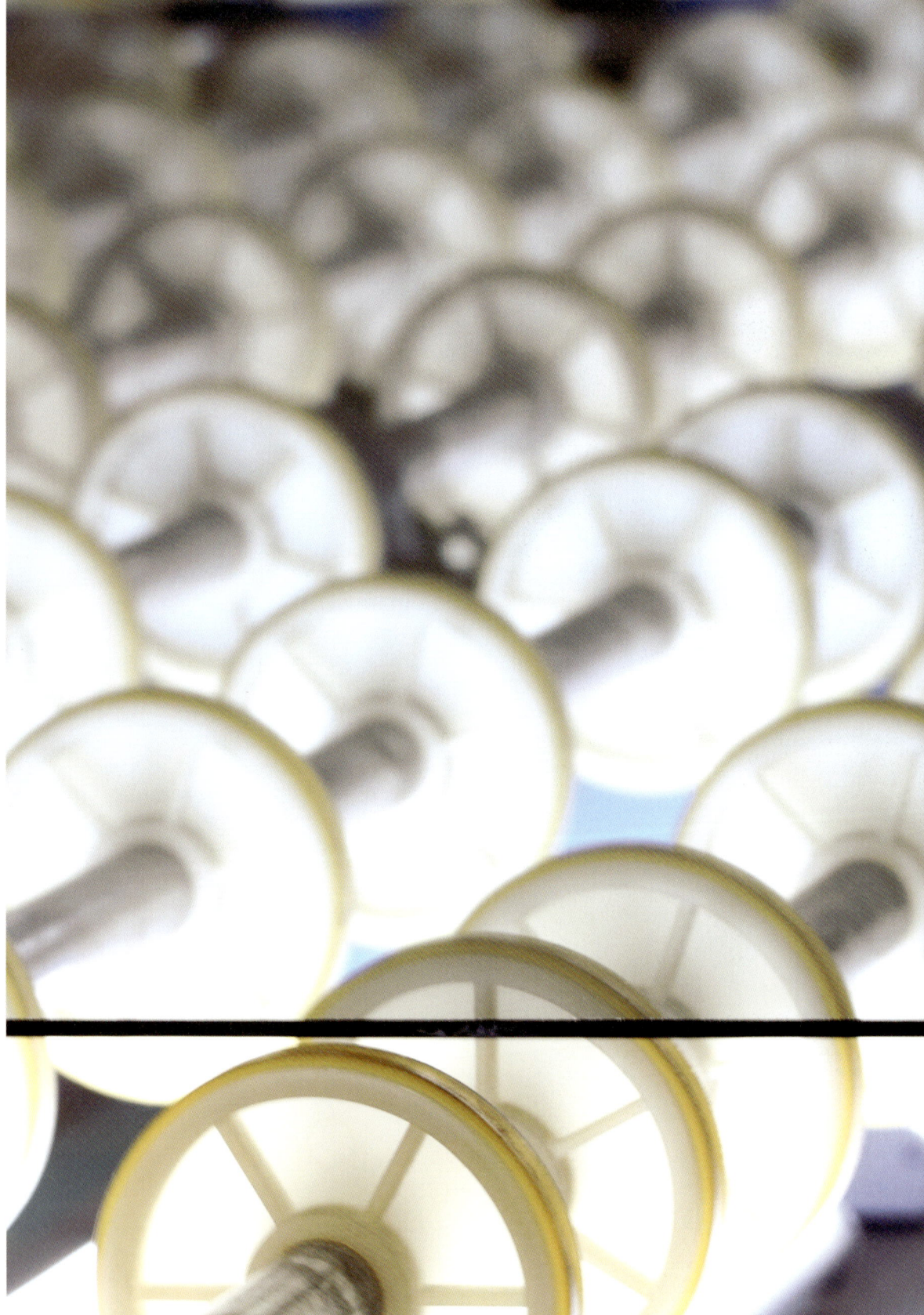

Manufacturing of Glass

유리산업의 현주소 글 정신오

해변의 고운 모래는 긴 공정을 거쳐 투명한 유리가 되고, 이후 쓰임새에 맞게 가공해 주변 다양한 곳에 사용한다. 유리의 제작과정을 따라가며 국내 유리산업의 현황과 앞으로의 발전 가능성을 담았다.

Reportage 1

한글라스 군산공장 방문기
한국유리공업주식회사 이강훈 전무

인터뷰 정신오

한글라스는 1957년 한국유리㈜로 설립돼 국내 최초로 유리를 생산하기 시작했다. 2005년 프랑스 최초의 유리회사인 생고뱅의 계열사로 생산기술을 도입하며 현재 군산 소룡동에 공장과 기술연구소를 두고 연간 900만t의 제품을 생산하고 일상에 필요한 새로운 유리 소재도 개발한다. 자동차와 가전제품, 창호까지 생활 곳곳에 쓰이는 유리를 만드는 군산공장을 구석구석 살펴본다.

감씨(감) 국내 유리 업체 1위로 61년 된 역사를 가진 기업이다. 공장 규모는 얼마나 되며 주로 어떤 제품을 생산하나?

이강훈(이) 공장 규모는 약 45만㎡로, 크게 생산설비, 공정관리, 원료저장, 그리고 창고지역으로 구분한다. 생산설비는 원판유리를 생산하는 플로트라인과, 국내 최대 생산량을 자랑하는 코팅라인, 복층유리Gdo를 만드는 복층라인, 그리고 PVC창호 조립 공장이 있다.
판유리는 두께 5㎜를 기준으로 연간 약 3천만㎡를 생산한다. 원판 자체로 판매하기도 하지만 3분의 1은 코팅라인으로 운반해 로이유리Gco01나 반사처리를 위해 막을 입히는 가공 작업을 한다. 복층유리는 제품 면적을 기준으로 연간 40만㎡를 생산한다. 그 외에 충격과 열에 강한 강화유리Gte와 열이 퍼지는 것을 방지하는 방화유리Gte03도 생산한다. 아직 규모가 크지는 않지만, 창틀도 만들어 창호를 제작하기도 한다.
제품의 90%는 주거나 상업 건물에 쓰이는 건축용이고 10%는 한국세큐리트㈜라는 계열사에 납품하는 자동차유리다. 건축용은 다시 원판과 코팅유리용으로 구분하는데 각각 60%, 40% 비중을 차지한다. 코팅 제품은 주거용에 75%, 상업용에 25% 정도 쓰인다.

감 유리를 제작한 뒤에는 어떻게 품질을 확인하나?

이 품질에 대한 기준은 국가마다 다르다. 한글라스 판유리는 KS기준과 유럽의 EN기준을 동시에 만족한다. 단판유리는 외관, 외형, 서냉 품질 세 가지로 평가한다.
외관상의 품질은 투명한 유리에 기포나 미처 다 녹지 않은 이물질 등이 있는지 확인한다. 이물이 크면 파손될 위험도 있고 미관에도 나쁘다. 또 투명도가 다른 물질은 상을 왜곡한다. 때문에 주석조에 유리 용융물을 흘려보낼 때 검사장비로 이물질의 종류와 크기를 확인한다.
외형상의 품질은 주로 시공이나 2차 가공에 영향을 주는 것으로 두께나 평활도, 파손 부위를 확인한다. 하자가 있으면 제품의 품질이 떨어져 구간마다 검사자를 배치하고, 2시간마다 완성된 제품의 샘플에 20가지의 검사를 한다.
서냉 품질은 유리의 모양을 잡은 후 서서히 식히는 과정에서 결정된다. 용융물이 급속하게 식으면 재단이 깔끔하지 않고, 쉽게 파손된다. 때문에 검사기기를 통해 완성된 제품의 인장력을 측정하고 잘린 면을 확인한다.

감 가공을 마친 후에는 어떤 검사를 하나?

이 코팅유리Gco는 포장 전에 전수 검사와 샘플 검사, 두 가지로 품질 테스트를 한다. 전수 검사는 유리를 코팅한 뒤 진행하는 검사로, 온라인 장비를 이용해 투과율과 투과색상, 반사율과 반사색상을 측정한다. 또한 실외 조도 상태를 재현한 공간에서 육안으로 검사를 하여 색의 균일도나 표면

한글라스 군산공장 전경. 두께 5㎜를 기준으로 연간 약 3천만㎡의 판유리를 생산한다.

Story of Glass

리본처럼 연속되게 만들어진 유리를 컨베이어로 옮겨 길이와 폭에 맞게 재단한다.

코팅유리는 포장 전에 전수 검사와 샘플 검사 두 가지의 품질 테스트를 한다. 사진은 온라인 장비를 이용해 투과율과 투과색상, 반사율과 반사색상을 측정하는 전수검사.

결함이 있는지 확인한다. 전수과정을 통과한 제품은 원판과 마찬가지로 샘플을 만들어 2시간에 한 번씩 빛의 투과율과 내구성, 단열성을 확인한다.

감 소프트 로이유리는 '플래니썸'과 '쿨라이트'로 구분한다. 어떤 차이가 있나?

이 두 가지 모두 은막을 입힌 소프트 로이유리지만 코팅막에 차이가 있다. 플래니썸은 여러가지 금속막과 함께 은막을 한 겹만 코팅한다. 외부로 열이 빠져나가는 것을 막는 것이 주 기능으로 주거 공간의 겨울철 난방부하 절감에 기여한다. 쿨라이트는 은막을 2~3겹으로 코팅하여 더 높은 단열 성능을 낼 수 있지만, 가격도 높아진다. 쿨라이트는 코팅 면을 복층유리 유닛의 바깥 면에 배치해 실외 태양에너지가 실내로 유입되는 것을 막는다. 주로 더운 여름, 냉방부하 절감이 필요한 상업용 건물에 쓰인다. 현재 국내 수요는 75%가 플래니썸, 25%가 쿨라이트로 아직 플래니썸이 많다. 하지만 법규가 강화되면서 점차 바뀔 것이다.

감 커튼월 건물의 수요가 높아지면서 좀 더 큰 규격의 유리를 필요로 한다. 한글라스에서 생산할 수 있는 최대 크기는 어느 정도인가?

이 최대 3,658×6,096㎜까지 생산한다. 1,600℃에서 녹인 용융물은 주석을 녹인 주석조tin bath에 흘려보내 모양을 잡는다. 폭은 주석조와 서냉기, 재단설비의 폭에 따라 결정된다. 3,658㎜는 전 세계적으로 통상적인 규격이다. 폭을 늘리기 위해서는 생산설비 전체를 바꿔야 하는데 20년을 주기로 교체하기 때문에 설치 후 20년간은 폭을 늘릴 수 없다. 하지만 길이는 조정 가능하다. 100℃로 식어 리본처럼 길게 연속적으로 나온 유리는 규격에 맞게 재단한 다음 스태킹 머신stacking machine이라는 설비로 적재한다. 이때, 기계가 최대로 운반할 수 있는 크기가 두께 5~6㎜ 기준, 3,658×6,096㎜다. 아직 그 이상의 크기를 필요로 하는 경우는 많지 않다. 아파트에 쓰이는 유리는 발코니

규격에 맞게 재단된 원판은 스태킹 머신을 이용해 A형 트레이에 적치한다.

창이 가장 큰데, 이는 현재 생산되는 제품을 사용해도 무리가 없다. 카페처럼 입구 전면을 유리로 할 때 간혹 필요로 하지만, 길이를 길게 한다면 이 역시 큰 문제는 없다. 더 큰 규격에 대한 수요가 늘어난다면 스태킹 머신을 교체하는 방법도 검토하고 있다.

감 공장의 코팅유리는 거울에 비춘 듯 온전하게 형상을 반사하는 반면 건물에 사용된 제품은 왜곡이 심하다. 왜 이런 현상이 나타나는가?

이 왜곡은 세 가지로 볼 수 있다. 첫 번째는 원판 자체의 하자로, 생산 과정에서 혼입된 이물로 인해 외관상의 품질이 떨어져 생긴다. 하지만 품질검사를 통해 대부분 걸러진다. 두 번째는 복층유리로 제작하는 과정에서 생긴다. 복층유리는 중공층을 만들기 위해 간격재를 넣고 실란트로 고정하는데 이를 울퉁불퉁하게 처리할 경우 유리 간격이 균일하지 않아 왜곡이 생긴다. 시공 과정에서 사면을 균일하게 고정하지 않아 발생하기도 한다. 특히나 커튼월처럼 유리가 큰 경우에는 조금만 기울어져도 왜곡이 크게 나타난다. 왜곡의 정도를 줄이기 위해서는 생산 과정에서 온도를 최대한 일정하게 유지하고, 시공 시 한 부분에 압력이 치우치지 않도록 해야 한다.

취재협조
한글라스 군산공장

Story of Glass

원판 생산 공정

유리의 70%는 해변의 모래처럼 입자가 곱고 철분이 많은 규사로 이루어진다.
뜨거운 열을 견디고 서서히 식으면서 이 작은 알갱이는 투명한 속을 보여준다.
해변의 모래가 건축물에 쓰이는 판유리가 되기까지의 과정을 따라가본다.

① 원료
유리는 모래, 소다회, 석회석을 주 원료로 하고 여기에 파유리를 일정 비율로 섞어서 만든다. 파유리는 생산 시 발생한 품질규격 미달의 유리나 파손된 유리를 말하며 이는 이미 한차례 용융과정을 거쳤기 때문에 많이 사용할수록 녹이는데 필요한 에너지가 상대적으로 적어 연료를 절약할 수 있다.

② 용융
배치플랜트에서 섞인 원료는 컨베이어를 따라 용해로로 이동한다. 용융 과정에서는 원료를 녹이고 이물질을 제거하는 청징 작업을 한다. 용해로는 가스나 중유 그리고 전기 등을 이용해 가열하며 유리물을 만들 때는 1,600℃, 청징 과정을 거친 후에는 1,300℃로 유지한다.

③ 성형
용융주석이 담긴 주석조tin bath에 유리물을 흘려보낸다. 주석은 비중이 높아 용융물을 표면에 떠오르게 하며, 양 모서리에 붙은 톱모양의 기계, 탑롤top roll과 서냉로의 롤러 속도를 조절해 두께와 폭을 맞춘다. 회전속도가 빠르고 세게 당길수록 얇은 유리를 제작할 수 있다.

④ 서냉
성형된 유리가 급격히 식으면 재단했을 때 단면이 고르지 못하거나 파손이 생긴다. 때문에 서냉기로 열을 서서히 낮추어 600℃까지 천천히 식힌다. 서냉기는 여러 구간으로 나뉘어져 있는데 구간별로 원하는 온도를 맞추기 위해 가열하고 식혀 유리에 결함이 생기지 않도록 한다.

⑤ 검사와 절단
천천히 식힌 유리는 이물질이나 기포, 왜곡 등의 결함이 없는지 확인 후 규격에 맞게 재단한다. 원하는 유리 규격을 자동 절단기에 입력하면 결함 부위를 피해 커터로 표면에 선을 그어 규격에 맞게 재단한다. 다음 유리가 계속 컨베이어 위로 흘러가면서 결함이 없는 유리를 선별해 제품화된다.

⑥ 포장과 운반
결함이 없는 유리는 스태킹 설비를 통해 A자 프레임에 적치된다. 이때 유리 사이에 입자가 고운 가루를 뿌리거나 얇은 종이를 끼워서 유리 간에 서로 달라붙거나 이물질이 붙지 않도록 한다. 생산된 원판은 그대로 판매되거나 2차 가공을 위한 생산 설비 또는 가공대리점으로 운반되며 일부는 창고에 저장된다.

강화유리 제작 공정

갓 생산된 유리는 L형 트레이에 적치해 가공라인으로 운반한다. 그리고 용도에 맞게 강화나 코팅을 하는 2차 가공을 거친다. 가공 공정을 통해 한층 단단해진 유리는 출입구나 실내의 파티션 벽으로 쓰인다.

① 운반
원판을 L형 트레이에 적치 후 가공라인으로 운반한다. 가공은 코팅과 강화 두 가지가 있다. 강화라인에서는 열처리를 통해 유리를 단단하게 만든다.

② 재단
강화유리는 가공 후 재단이 어렵기 때문에 공정 이전에 원판을 자동재단기에 넣어 원하는 규격에 맞게 재단한다.

③ 원판 세척
재단된 유리는 열처리 공정에 앞서 4면을 부드럽게 갈아내는 그라인딩grinding과 세척과정을 거치면서 표면에 묻은 이물질을 제거한다.

④ 열처리
세척을 마친 유리는 700℃의 온도에서 한번 더 가열 후 급속하게 냉각시켜 열처리한다. 이렇게 제작된 강화유리는 원판보다 충격강도가 4~5배 좋다.

⑤ 검사
강화과정을 마친 후 여러 품질 검사를 한다. 강화 상태를 확인하는 지브라 테스트Zebra test는 얼룩말의 무늬와 같이 검은색과 흰색이 교차된 판을 유리에 비추며, 상의 일그러짐 정도로 불량제품을 선별한다.

Reportage 2

한글라스 R&D센터 취재기
한국유리공업주식회사 이영성 상무

인터뷰 정신오

한글라스 군산공장의 한편에 자리한 R&D센터는 생산된 유리가 공간에 적용해도 괜찮은지 평가한다. 자사의 제품은 물론, 국내에서 제작되는 유리를 수출하기 위해 거쳐야하는 여러 품질 테스트도 의뢰할 수 있다. 또 특정 기능을 강화하거나 건물의 외관을 수려하게 하는 제품도 개발하고 있다.

감씨(감) 이곳에선 다른 기업의 성능 실험도 진행한다. 이를 시작하게 된 계기는 무엇인가?

이영성(이) 화장품 용기, 음료수병, 조명기구 등과 같이 생활 곳곳에 쓰이는 유리를 제조하는 회사는 많지만, 자체적으로 시험을 진행하는 연구소는 거의 없다. 우리는 2000년부터 국제공인시험기관으로 인정받아 자체 연구 업무에 필요한 분석뿐 아니라 국내 기업들이 필요로 하는 품질검증 시험도 한다. 수출하는 제품은 일반적으로 해당 국가의 성능 기준에 맞춰야 하는데 이곳에서 발행한 시험성적서는 세계 모든 국가에서 동일한 효력을 갖는다. 특히 성분 조성이나 광학적 특성, 물성을 모두 시험할 수 있는 곳은 우리가 유일하다.
최근 단열성이 우수한 제품이 꾸준하게 출시되면서 에너지를 절약하는 기능성 유리를 건물에 적용하는 경우가 늘고 있다. 이와 관련해 전자 제품에서 흔히 볼 수 있었던 '에너지 소비 효율등급제'를 소비자가 쉽게 알아볼 수 있도록 창호 제품에도 적용한다. 이 등급을 결정하는 단열 성능의 경우 반드시 공인시험성적서만 인정하므로 분석 결과의 정확성이 중요하다.

감 공인시험성적서를 받기 위해서 어떤 시험을 하나? 시험 항목과 기간은 얼마나 되나?

이 한글라스 R&D센터는 국내에서 유일한 유리 전문 연구소로서 유리의 화학조성과 물리적 특성, 광학 특성에 관한 분석업무를 주로 수행하고 있다.
새로운 제품 개발이나 생산공정의 개선에 필요한 화학조성 분석은 물론, 유리의 연화점[1], 서냉점[2] 등의 점성특성 시험과 최근 이슈가 되고 있는 창호의 단열, 기밀성능 등 에너지효율 관련 시험도 공인시험성적서 발급이 가능하다. 또 유리창을 통한 열관류율 분석업무는 여름철 냉방에너지와 겨울철 난방에너지 손실을 가늠할 수 있어 매우 중요한 시험항목이다. 시험의 특성상 내구성 시험과 같이 장시간 분석기간을 필요로 하는 시험을 제외하면 일반적으로 2주 이내에 분석결과를 받아볼 수 있다. 연구소 홈페이지를 통해 시험의뢰를 할 수 있으며, 테스트 항목과 시험성적서의 진위 여부도 직접 확인할 수 있다.

감 유리의 종류에 따라 검사에 차이가 있을 듯하다.

이 제품마다 측정하는 항목이 조금씩 다르다. 로이유리Gco01는 브러시로 문지르거나 핀으로 긁어 막의 강도를 테스트하고 엑스레이를 이용해 은막층의 두께를 측정한다. 복층유리는 77일 정도 극한의 온도에서 테스트해 일상의 환경에서 어떤 성능을 갖는지 확인한다. 물론, 제품을 개발할 때는 이 모든 시험을 통과해야 생산이 가능하다.

감 커튼월은 목업 시험을 별도로 진행한다.

한글라스 R&D센터 전경. 일상에서 쓰이는 제품개발은 물론, 국내 기업들이 필요로 하는 품질검증을 위한 시험도 한다.

Story of Glass

한글라스 R&D센터는 다양한 기기를 활용하여 전반적인 유리 품질을 평가하고 있다. 좌측은 유리 내에 존재하는 기포의 조성 및 함량을 분석할 수 있는 분석장비다.

연화점 테스트를 위한 시편으로 유리 샘플을 세장한 실 모양으로 제작해 측정한다.

일반 창과 다르게 커튼월에서 추가로 검사하는 항목이 있다면?

이 일반 창호 시험은 시료의 크기가 2×2m로 정해져 있기 때문에 법규에서 요구하는 지역별 기후조건에 맞추어 측정하는 데 한계가 있다. 커튼월 목업시험은 실제 크기로 시료를 제작해 태풍이나 여름 장마철에 요구되는 성능인 수밀, 기밀 시험에 대하여 국제공인인증시험을 실시한다. 커튼월의 모듈과 동일한 소재, 규격으로 제작한 판유리를 야외에 설치해 수일 동안 성능을 검사한다.

감 신기술 유리의 연구에서 개발까지 어떤 과정을 거치나?

이 한글라스의 모계열사인 생고뱅은 전 세계에 8곳의 연구소를 두고 있으며 1년에 네 차례 전체 연구소가 모여 연구안을 브리핑 하고 검토해 새로운 제품을 연구, 개발한다.
국내 연구소에서는 신제품 아이디어 회의를 한다. 그다음 상품성이 있는지 확인하기 위해 시장조사를 한다. 잠재적인 시장가치가 기대될 경우 특허에 대한 선행조사도 한다. 기성품과 차별화되면서 상품가치가 있다고 판단되면 제품개발을 진행하고 반복적인 시험을 거쳐 제품을 만든다. 기존의 제품에 새로운 기능을 더하기도 한다. 코팅 제품의 경우 공정 과정을 줄이거나 색을 다양하게 만드는 방법도 연구 주제가 될 수 있다. 연구 기간은 제품에 따라 차이가 있으나 평균적으로 1~3년이 걸린다. 일사량을 감지해 투명도를 전기신호로 제어하는 세이지 글라스sage glass, 화염, 연기뿐 아니라 열의 전달을 막는 차열유리, 콘트라플램contraflam 모두 이러한 과정을 거쳐 개발됐다.

감 최근 연구 중이거나 개발한 유리가 있다면?

이 물론 유리는 단열성이 우선이지만 커튼월 건물이 많아지는 만큼 미관적인 요소도 중요하다. 우리는 시장의 요구에 부응하여 가벼우면서 에너지 효율이 좋은 유리를 생산하는 데에 초점을 맞춰

R&D센터에서 여러 테스트를 거쳐 판매되고 있는 제품. 다양한 각도에서 미리 볼 수 있도록 전시하고 있다.

연구하고 있다. 2016년에는 코팅막의 강도가 강하고 복층유리 제작과정에서 모서리 가공 공정을 한 단계 줄일 수 있는 듀라플러스DURA Plus라는 제품을 출시했다. 2017년에는 두 겹의 은막층으로 성능이 우수한 더블로이 제품을 개발 완료하였으며, 올해에도 동일한 성능으로 시장에서 선호도가 좋은 색상의 유리를 연구하고 있다. 또한 국내 최초로 산업과 가정용 전기제품에 사용할 수 있는 코팅유리를 출시하였고 앞으로도 동분야의 신제품을 지속적으로 개발할 예정이다.

감 건축용 외에 냉장고와 같이 가전제품에 쓰이는 유리도 생산한다. 건축용과 어떤 차이가 있나?

이 건축용 유리와는 고려 사항부터 조금 다르다. 가전용 유리는 실생활에 밀접한 제품이다. 때문에 좀 더 높은 품질의 원판이 필요하고, 사용할 수 있는 종류도 많지 않다. 현재 한글라스는 LG시그니처 냉장고 문에 쓰이는 유리를 납품하고 있다. 이 제품은 내부를 낮은 온도로 유지하기 위해 건축용 유리의 단열성을 극대화했다. 또 필요한 회로나 부품을 유리에 삽입해 제작 과정이 더 까다롭고 비용이 많이 든다. 미려한 외관은 물론, 소비자가 다치는 일이 발생하지 않도록 안전성을 철저히 검사하고 흠집이 생기지 않도록 견고하게 만든다.

용어정리

1) 연화점 유리, 내화물, 플라스틱, 아스팔트, 타르 따위의 고형(固形) 물질이 열에 의하여 변형되어 물러지기 시작하는 온도.
2) 서냉점 유리, 내화물, 플라스틱, 아스팔트, 타르 따위의 고형 물질이 변형되지 않으면서 내부 열을 식힐 수 있는 최고 온도.

취재협조
한글라스 기술연구소 www.hanglas-rnd.co.kr

Story of Glass

2　Issue of Glass

Energy Efficiency
of Window
창호의 단열

글 조수
(한국에너지기술연구원 책임연구원)

유리는 투명하기 때문에 다른 재료와는 달리 자체적으로 단열 성능을 갖춰야 한다. 한국에너지기술연구원 조수 박사에게 창의 단열성을 높이는 방법과 최근 에너지 효율을 높이기 위해 개정되고 있는 기준에 대해 들었다.

건축물에서 외피envelope는 외관을 결정하는 동시에 내외부를 구분한다. 최근 커튼월로 시공하는 경우가 늘어나면서 창호의 에너지 효율에 관한 관심도 높아지고 있다. 창호의 면적이 클수록 건축물의 냉난방 에너지 소비량에 단열 성능이 미치는 영향이 크기 때문에 국가 차원에서 성능에 대한 기준을 제시하고 관리한다.

창호는 일반적으로 유리부glazing와 창틀frame(이하 프레임)로 이루어지며 둘의 구성에 따라 단열 성능이 달라진다. 유리부는 복층double glazing, 삼중복층triple glazing 유리Gdo04처럼 판유리 사이의 중공층에 공기보다 열전도율이 낮은 아르곤argon 등을 채워 단열 성능을 높인다. 로이유리low-e glass와 같이 태양열을 상대적으로 적게 전달하는 기능성 제품으로 교체하는 방법도 있다. 이 둘을 합쳐 기능성 유리를 다층화하면서 중공층을 포함한 복층 이상의 삼중복층 로이유리를 사용하기도 한다. 이에 따라 단열성을 높이면서 상대적으로 두께가 얇은 유리를 사용하거나 저렴하면서도 필요한 성능을 갖춘 제품을 사용할 수 있게 됐다. 또한 최근에는 진공유리Gdo06처럼 복층유리 사이의 중공층을 진공(眞空)화해 열전달을 줄이는 고단열 기술도 개발됐다. 진공유리는 이미 90년 전부터 제안되어 다양한 연구가 진행되었지만, 유지관리가 어려워 실제 적용이 어려웠다. 하지만 현재는 1세대를 개량한 2세대 진공유리가 개발, 보급되어 건축물에 다수 사용되고 있다. 2세대 진공유리는 중공층을 진공으로 만들어 열전달을 원천적으로 차단한 것으로 콘크리트 벽 30cm 두께 정도의 단열 성능을 갖는다. 덕분에 유리의 두께를 늘리지 않고 단열 성능을 강화할 수 있게 됐다.

프레임을 통해서도 단열 성능을 개선할 수 있다. 보통은 열전도율이 낮은 알루미늄이나 합성수지PVC가 일반적이고 그 외에 목재나 강철도 쓰인다. 그러나 유리보다 단열성이 낮은 금속을 사용할 경우 프레임을 통해 열이 손실될 수 있다. 상대적으로 단열성이 높은 PVC를 선택하는 것이 좋다. 열교차단재thermal break를 프레임 연결 부위에 사용하여 열전달 흐름을 차단하거나 내부에 격실을 다수 설계해 열전달 흐름을 방해하는 등 내부 구조나 프레임 단면 형상으로도 단열성을 높인다. 유리부와 프레임의 구성 이외에도 단열 성능을 강화하기 위한 단열 간격재나 필름을 부착하는 등 다양한 노력을 한다. 유리부와 프레임의 결합에 의한 종합적인 단열 성능은 설계 도면을 바탕으로 열 해석 시뮬레이션을 통해 사전 검토하고 이를 바탕으로 실제 창호를 제작하기 전에 성능을 예측하고 설계안을 수정한다.

단열 성능은 일반적으로 열관류율U-value(W/(m²·K))에 따라 결정된다. 국토교통부에서는 「건축물의 에너지 절약 설계기준」을 통해 부위별 열관류율을 규정한다. 먼저 창이나 문이 외기와 직접 면하는지, 간접 면하는지의 여부를 나누고 해당 건축물을 공동주택과 공동주택이 아닌 경우로 세분화한다. 공동주택이 아닌 경우에는 개구부의 용도가 창인지 문인지에 따라 조금씩 차이가 있다. 전국적으로 중부지역부터 제주도까지 겨울철 외기

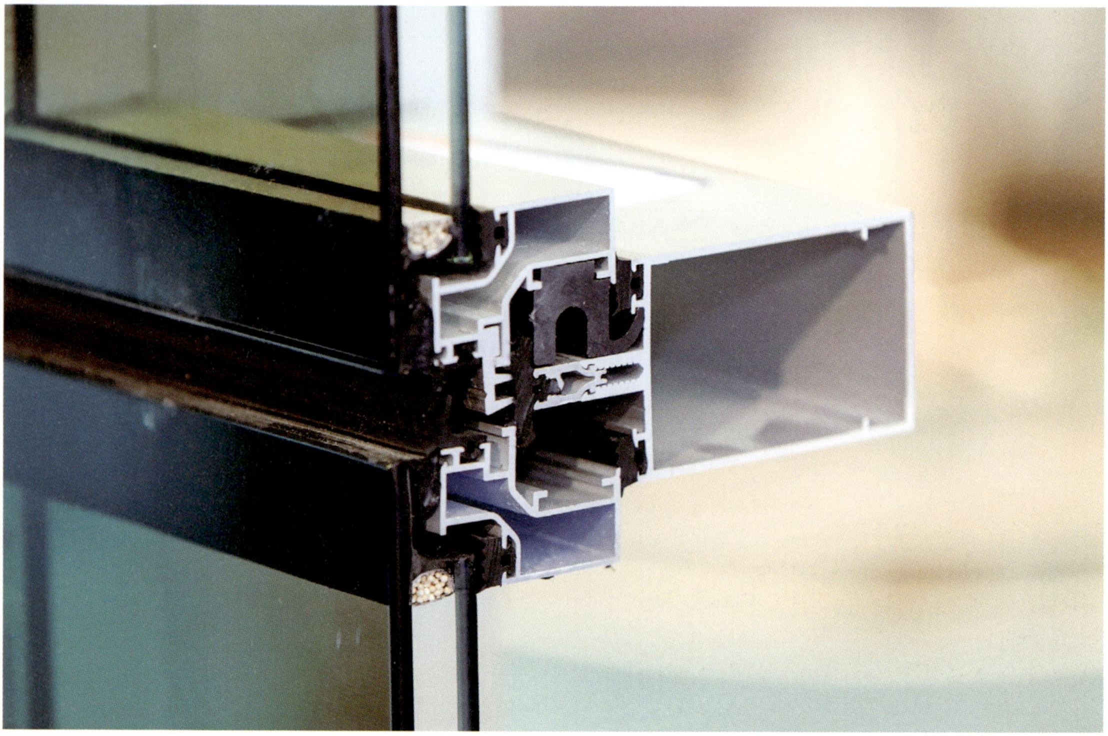

유리부는 복층, 삼중복층유리처럼 판유리 사이의 중공층에 불활성 기체인 아르곤 등을 채워 단열 성능을 높인다.
복층유리 사이의 중공층을 진공으로 처리한 고단열 기술도 개발됐다.

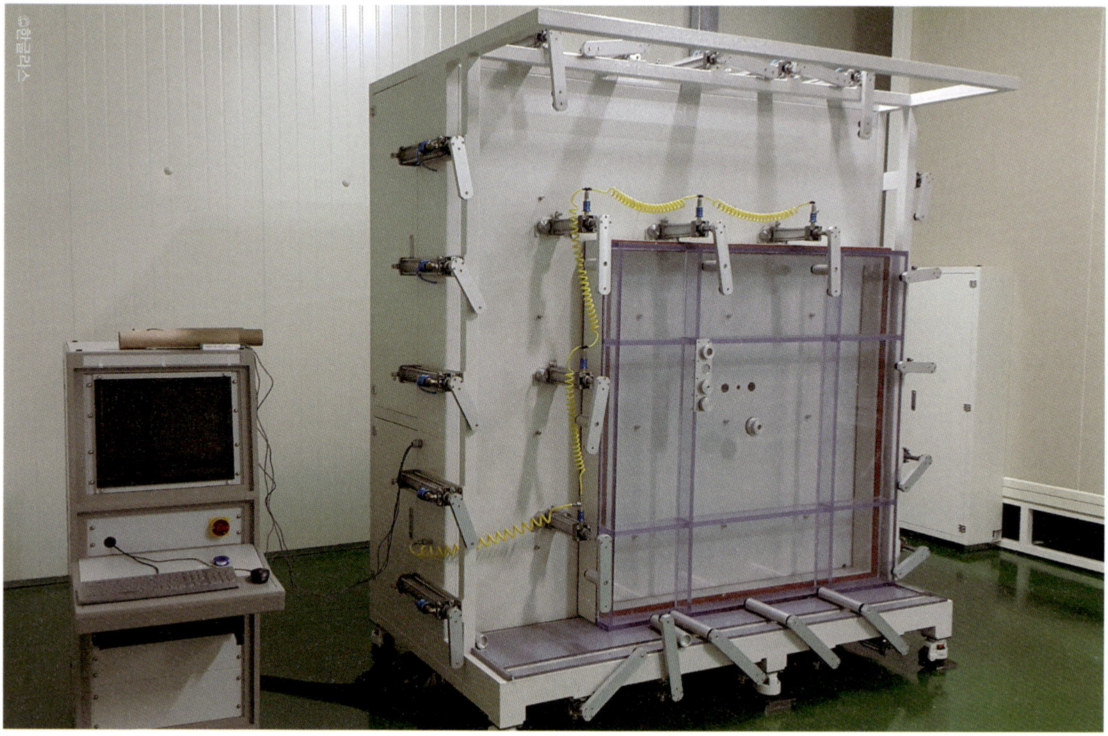

©한글라스

위 분석장비는 창호의 단열성 및 기밀성 분석장비로서 에너지 소비 효율등급에서 요구하는
KOLAS 공인시험을 담당한다.

건축물의 에너지 절약 설계기준

단위: W/(m²·K)

건축물의 부위		지역		중부1지역[1]	중부2지역[2]	남부지역[3]	제주도
창 및 문	외기에 직접 면하는 경우	공동주택		0.900 이하	1.000 이하	1.200 이하	1.600 이하
		공동주택 외	창	1.300 이하	1.500 이하	1.800 이하	2.200 이하
			문	1.500 이하			
	외기에 간접 면하는 경우	공동주택		1.300 이하	1.500 이하	1.700 이하	2.000 이하
		공동주택 외	창	1.600 이하	1.900 이하	2.200 이하	2.800 이하
			문	1.900 이하			

1) 중부1지역 : 강원도(고성, 속초, 양양, 강릉, 동해, 삼척 제외), 경기도(연천, 포천, 가평, 남양주, 의정부, 양주, 동두천, 파주), 충청북도(제천), 경상북도(봉화, 청송)
2) 중부2지역 : 서울특별시, 대전광역시, 세종특별자치시, 인천광역시, 강원도(고성, 속초, 양양, 강릉, 동해, 삼척), 경기도(연천, 포천, 가평, 남양주, 의정부, 양주, 동두천, 파주 제외), 충청북도(제천 제외), 충청남도, 경상북도(봉화, 청송, 울진, 영덕, 포항, 경주, 청도, 경산 제외), 전라북도, 경상남도(거창, 함양)
3) 남부지역 : 부산광역시, 대구광역시, 울산광역시, 광주광역시, 전라남도, 경상북도(울진, 영덕, 포항, 경주, 청도, 경산), 경상남도(거창, 함양 제외)

온도가 낮게 형성되는 순으로 지역을 중부1과 중부2, 남부와 제주도로 구분해 기준을 조금씩 다르게 규정한다. 겨울철 기온이 낮은 곳은 열관류율 기준을 낮게 설정해 건축물의 단열 성능을 높게 하도록 제안하고 있다. 이때 해당 부위의 성능을 만족하는 건축자재를 사용해야 한다.

또한 유리와 프레임으로 구분하지 않고 결합된 건축자재로서 에너지관리공단에서 운영하는 「에너지 소비 효율등급 표시」에 따라 단열 성능 기준과 기밀 성능을 동시에 제시한다. 창호 에너지 소비효율 등급제도는 기준 이하의 제품은 생산과 판매를 제한해 소비자가 좀 더 효율이 높은 제품을 선택하고 사용할 수 있도록 한 제도다. 소비자는 효율등급 라벨을 통해 제품이 얼마나 에너지를 절감할 수 있는지 한눈에 확인할 수 있다. 효율관리 기자재 등록을 위해서는 물리적 시험을 통해 창호의 열관류율과 통기량을 확인하고 시험성적서를 제출해야 한다. 따라서 소비자는 창호의 에너지 소비 효율등급이 높은 제품, 즉 열관류율이 낮고 기밀 성능이 1등급인 창호를 선택하는 것이 실내 냉난방 에너지 절감에 도움이 된다. 에너지 소비 효율등급이 표기되지 않더라도 해당 창호의 열관류율과 기밀성 수치를 확인하여 에너지 소비 효율등급 기준과 비교한다면 창호의 성능 수준을 파악할 수 있다.

건축물의 에너지 소비량 저감을 위해 다양한 노력이 이루어지는 가운데, 최근 에너지 절약 설계기준의 개정 등을 통해 창호의 단열 성능은 단계적으로 강화되고 있다. 이에 따라 창호의 특성인 일사획득 성능에 대한 관심도 높아지고 있다. 국내에서는 세계 최초로 일사획득 성능의 측정 방법이 국제 규격(ISO)화되었다. 창호의 일사획득 성능은 건축물의 냉난방 부하에 직접적인 영향을 미치는 성능 수치이므로 정확한 성능 예측이 필요하다. 다만 현재 일사획득계수 측정 방법은 제품 간의 일사투과 성능 비교에는 적합하나 실제 실내로 입사되는 일사량의 측정에 대한 영향을 확인하기에는 광원의 종류와 입사각도 등에 한계가 있는 실정이다.

조수
한국에너지기술연구원
책임연구원

한양대학교에서 건축설비 및 환경공학을 전공하고 1988년부터 현재까지 연구기관이자 공인시험기관인 한국에너지기술연구원에서 건물에너지 절약 분야를 연구하고 있다. 창호의 단열, 기밀, 수밀, 내풍압, 결로 등 물리적 성능 확인 시험을 다수 수행하였으며 최근 진공유리, 스마트 스킨과 창호의 일사획득계수와 관련된 연구를 수행하고 있다.

Glass
with Technology
유리에 기술을 더하다

글 정신오

유리의 원료는 고온에서 녹으면서 분자가 불규칙하게 배열되는데 냉각하는
과정에서 규칙성을 갖지 않고 그대로 굳어져 역학적으로는 동결된 액체
상태를 띤다. 이는 투명함을 갖게 하는 고유의 특징이며 최근에는 이에
기술을 더해 성능을 높인 유리가 등장하고 있다.

유리로 뒤덮인 건물의 표면에 영상이 흘러나오고, 태양열을 전기로 전환해 에너지를
만든다. 깨진 조각을 맞대고 있으면 다시 붙는 유리도 등장했다. 특수한 유리를 개발함에
따라 많은 것들이 가능해졌고 지금도 다양한 연구가 진행되는 중이다. 유리의 개발은 크게
투명함을 바탕으로 태양열을 이용한 제품과 생활용품에 알맞게 성능을 높인 것 두 가지
방향으로 나뉜다.

태양열을 이용한 유리 개발

입면에 유리를 사용한 건물은 계절과 시간에 따라 빛을 가려야 하고 필요에 따라
냉난방기를 이용해 실내의 온도도 조절해야 한다. 한글라스는 실내에 유입되는 태양열을
감지하여 자동으로 실내 조도, 태양열 취득량을 제어하는 세이지 글라스 Sage Glass 를
출시했다. 이 제품은 열을 많이 받으면 전기자극에 의해 이온이 이동하면서 투명도가
달라진다. 시간, 계절, 태양 고도의 일조량에 맞춰 차폐력을 갖기 때문에 건물 외관의
커튼월에 적용하면 실내의 온도를 일정하게 유지할 수 있다. 외부를 조망하면서 느끼는
눈부심을 줄여 시각적인 불편함을 덜고 조명이나 냉, 난방에 쓰이는 에너지가 절감된다.
   유리를 이용해 에너지를 절약할 뿐만 아니라 직접 생산하기도 한다. 테슬라 Tesla 사의
솔라 루프 글라스 타일 Tesla Solar Roof Glass Tile 은 태양광을 저장하고 전기로 대체해
사용할 수 있다. 빛에서 흡수한 광자 photon 가 태양열 저장 전지 내부의 전자와 결합하면서
전하가 발생하고 이것이 일상에서 쓰이는 전력을 대신한다. 전기로 바꾼 에너지는
전지에 저장되며 수요에 따라 발전량을 조절할 수 있어 개인용 주택은 물론, 업무 공간과
상업 공간에 사용할 수 있다. 정전과 같이 급작스럽게 전기가 끊긴 경우에도 건전지에
저장된 태양열에너지로 전력을 공급할 수 있다. 최근에는 이렇게 패널을 투명하게
만들어 유리처럼 사용한 제품도 등장하고 있다. 불투명한 제품과 비교해 아직 활용도는
떨어지지만, 성능이 기성품 이상이라면 건물 자체가 전기를 생산하는 일도 가능해질
것이다.

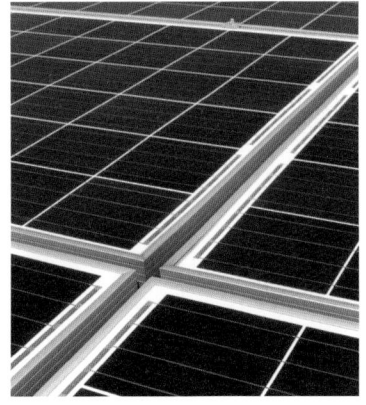

유리를 이용해 에너지를 절약할 뿐만 아니라 직접
생산하기도 한다.

Issue of Glass

전기 회로를 입힌 태양열 패널을 프레임에 고정하고 있다.

머리카락 두께의 얇은 유리 섬유는 레이저에서 나오는 특정한 주파수의 빛을 이용해 정보를 전달하고 수신하며 이는 현대의 정보통신 발달에 큰 영향을 미친다.

스마트 소형카메라에 비나 먼지가 묻으면 외부의 장애물을 감지하지 못한다.
이에 정상국 교수팀은 유리에 전류를 흘려보내 표면을 깨끗하게 유지하도록 하는 기술을 개발했다.

생활 유리의 개발

그 밖에도 스마트폰이나 자동차 등 일상에서 사용하는 제품에 적용할 수 있는 유리에 대한 연구도 활발하다. 명지대학교 기계공학과 정상국 교수팀은 전기 습윤 패턴을 이용해 유리 표면의 빗물이나 먼지를 자동으로 제거하는 커버 유리를 개발했다. 최근 도로의 장애물을 감지하고 이에 반응하여 자동으로 운전을 하는 스마트 자동차가 확산되면서 차량의 '눈' 역할을 하는 소형카메라가 점점 핵심 부품으로 떠오르고 있다. 그러나 비나 먼지가 렌즈를 가리면 외부의 장애물을 감지하지 못할 수 있다. 이에 유리에 전류를 흘려보내 표면을 깨끗하게 유지하도록 하는 제품을 개발했다. 이는 표면에 투명 전기회로 패턴을 새기고 전기적 신호를 가하면 카메라 유리 표면의 빗물이 진동하며 아래로 흐르는 원리다. 아직 적은 면적이지만 확대된다면 드론이나 차량의 전면 유리, 건물에 적용할 수 있다. 또 이는 구동장치나 인력에 쓰이던 비용과 에너지를 줄여줄 것이다.

　　도쿄 대학교의 타쿠조 아이다Takuzo Aida 교수는 파손된 유리를 복구하는 신소재를 개발했다. 한번 깨진 유리는 재료의 분자 결합이 파괴돼 원래의 강도를 갖지 못하기 때문에 복구가 불가하다. 대신 고온에서 가열해 재활용한다. 새로 개발된 소재는 깨진 단면을 상온에서 1~6시간 맞대면 손상 부위가 회복되는 유리로, 폴리에테르 티오우레아polyether-thioureas라고 불리는 폴리머polymer를 이용했다. 이 폴리머는 표면이 절단되었을 때 가장자리를 21℃에서 30초 동안 맞대면 강한 시트를 형성해 깨진 부위를 이어준다. 유리도 마찬가지로 시트를 형성하면서 단면을 결합하고 파손 전과 동일한 강도를 회복한다. 자가복원self healing에 대한 시험은 캘리포니아 대학교의 연구에서부터 진행되어왔고, LG에서 2015년 출시된 지플렉스2G Flex 2는 실제로 후면에 코팅하기도 했다. 작은 흠집의 경우 어느 정도 성과를 보였으나 심한 손상은 치료하지 못했다. 아직 상용화되지는 않았지만 유리의 자가복원이 가능하다면 가전은 물론 건축에서 외관의 유리를 교체함으로써 생기는 재료의 이질감과 비용 문제를 해결할 수 있다.

Interview 1

자연에 투명하게 스며들다
조호건축사사무소 이정훈 대표

조호건축사사무소 건축가 이정훈은 단열재나 마감재 없이 그 자체로 유닛이 되는 유리의 구축방식을 재료가 가진 유연함이라고 말한다. 제주도 서귀포시 안덕면에 위치한 클럽나인브릿지의 팽나무 옆으로 자연에 녹아드는 투명한 건축물, 파고라에 관한 이야기를 들어보자.

인터뷰 정신오

제주도 서귀포시 안덕면에 위치한 클럽나인브릿지 전경.

감씨(감) 클럽나인브릿지 파고라는 불규칙한 곡선의 벽과 천장이 유리로 된 구조물이다.

이정훈(이) 과거 마을 어귀에서 사람을 맞이하던 고목은 어른들의 쉼터이자 아이들의 놀이터였다. 클럽하우스의 중심에 있는 600년 된 팽나무 역시 다른 공간을 연결하면서 휴식처 역할을 한다. 이에 파고라가 고목과 조화를 이루면서 다양하게 쓰이기를 의도했다. 파고라는 건축과 조경적으로 확장된 공간이자 수려한 골프장의 전경과 제주의 하늘을 향해 열린 풍광 장치다. 유리는 자연 속에 건축물의 존재감을 최소화하고 시각적으로 외부 공간을 연결하는 매개체로 이번 프로젝트에 더없이 적합한 재료다. 벽뿐 아니라 천장까지 모두 시각적으로 개방해 공간 안에서 더욱 입체적으로 자연을 받아들일 수 있다. 또 기존 클럽하우스가 그리드 체계라면 이 프로젝트는 자유로운 곡선으로 고목과 그리드 체계 사이에서 절묘한 완충재 역할을 한다. 평상시에는 클럽하우스 레스토랑과 연결하는 통로지만, 필요에 따라 세미나나 연회장으로 쓰인다.

감 예산이나 기술적인 문제로 모든 유리를 중국에서 사전 제작했다. 어떤 과정을 거쳤나?

이 파고라는 고목을 닮은 비정형적인 곡선으로 되어 있어 2면 이상으로 곡률 처리가 필요했다. 국내시장은 1면 곡유리에 대한 수요는 일정하게 있지만, 이중 곡유리는 사용량이 적어 기술이나 생산설비에 대한 개발이 부족하다. 반면 유럽과 중국에서는 일찍부터 3D 특수 유리를 제작했다. 특히나 중국산은 경제적이면서 생산 기간이 짧다. 이에 국내에서는 공사 기간에 맞춰 원하는 제품을 생산하기 어려울 것이라고 판단해 중국에서 주문제작을 결정했다. 지붕에 쓰인 유리는 29.52㎜의 저철분 로이복층유리로, 3D 공정과정을 거친 2면

Issue of Glass

파고라는 클럽하우스의 중심에 있는 600년 된 고목과 조화를 이루며, 평상시에는 클럽하우스 레스토랑과 연결하는 통로로,
필요에 따라 세미나나 연회장으로 쓰인다.

2중 이상으로 곡면처리 된 유리는 오차가 3㎜ 이상이면 국내에서 제작한 구조체와 조립이 어렵다.
때문에 3D 프로그램을 이용해 오차를 확인하였다.

지붕은 네 면 모두를 실리콘으로 고정하는 4면 공법,
벽체는 두 면을 실리콘으로 고정하는 2면 공법으로 시공했다.

곡유리가 90장, 평평한 유리가 83장으로 총 173장이 쓰였다. 벽체는 24㎜의 저철분 복층유리로 2면 곡유리가 226장, 1면 곡유리가 27장, 평평한 유리가 57장으로 총 310장이 사용되었다.
주문 제작한 유리는 오차가 3㎜ 이상이면 국내에서 생산한 구조체와 조립이 어렵다. 때문에 3D 프로그램을 이용해 데이터 값을 정하고 제작 후 결과와 3D 값이 일치하는지를 본다. 곡률을 확인할 때는 유리 표면에 점을 찍어서 평면을 만든 다음 프로라이너라는 3D 스캐너 장비를 이용해 기존 모델링 파일과 겹쳐 오차를 측정했다. 샘플로 확인했을 때 가장 곡률이 심했던 유리의 오차가 코너 부위가 1㎜, 곡률이 0.04㎜였다. 주문 제작한 제품을 현장에서 조립하고 해체하는 과정은 유리의 전통적인 공사 방식을 극복하면서 새로운 방법을 제안하는 가능성을 보여준다.

감 유리의 제작과 유통기간은 어느 정도로 예상했으며, 실제로 얼마나 걸렸나? 예상과 실제에 차이가 생겼던 가장 큰 요인은 무엇인가?
이 초기 유리 생산을 2개월로 계획했다. 그러나 모듈에 예각이 많고 곡률이 커 배강도유리로 강화하는 과정에서 파손이 생겼다. 어쩔 수 없이 제작용 장치를 정비해야 했고, 예상보다 40일 가량 지연되었다.
운반과정에서는 파손이 없었으나 설치 중 1장이 깨져 다시 제작하는 데 1달이 걸렸다. 이런 예상치 못한 위험을 피하고 싶다면 계약할 때 생산일정을 계획하고 공정마다 공장을 방문해 진행 상황을 확인하는 것이 좋다.

감 구조체가 마치 나무줄기처럼 주 구조부에서 하위 구조체로 뻗어나가는 모습이다. 커튼월 노출 방식은 어떤 기준으로 결정했나?
이 클럽나인브릿지 파고라는 앞서 언급했듯 '나무'에서 형태를 차용했고 SG공법Structural Glazing System을 통해 프레임 자체가 줄기가 뻗어나가는 모습으로 디자인했다. 구조는 보와 기둥을 구분하지 않고 일체화해 하나의 오브제처럼 보이도록 하였다. 전체 6개의 주철골, 19개의 부철골, 23개의 수직부재mullion, 12개의 수평부재transom으로 이루어진다. 주철골은 구조체의 안전, 미관, 환기를 위한 설비 등을 통해 크기를 결정했다. 지붕은 네 면 모두를 실리콘으로 고정하는 4면 공법, 벽체는 두 면을 실리콘으로 고정하는 2면 공법으로 시공했다.

감 구조와 설비가 일체화된 이중 덕트 시스템을 고안했다.
이 루이스 칸Louis Kahn은 건축적 공간을 주 공간과 부 공간으로 구분했다. 주 공간은 사무실이나 거실, 주방처럼 우리가 생활하는 공간이며 보조 공간은 이를 뒷받침하는 데 필요한 설비, 기계 공간을 말한다. 파고라는 이런 기능적 요소로 공간을 구분하지 않고 경계를 없애 건축물이 자연적 요소 자체가 되길 바랐다. 이에 뿌리에서 줄기로 양분을 공급하는 콘셉트로 잡고 메인 구조체 내에 기계, 소방, 전기 등의 설비를 넣어 기능적인 요소를 해결했다.
6개의 메인 구조체에는 48개의 환기와 공조설비가 설치돼 있어 실내의 온도를 일정하게 유지할 수 있다. 덕트 배관이 크면 구조체의 미려함이 떨어질 수 있어 구조체의 크기와 배관의 개수, 공조 속도를 조절했다. 12㎜ 두께의 철판을 용접해 주철골을 만들었고 그 안에 2㎜ 두께의 철판 모양 덕트를 삽입하기 위해 직선부재의 비율을 높였다. 또 곡선부는 직선이 만나는 지점에서 300㎜ 떨어진 곳에 절점을 두어 주철골을 18개로 나누었다.

감 재료를 제작하고 시공하는 과정에서 많은 고민과 시도를 했다.
이 유리는 투명함 때문에 단열재의 도움 없이 자체적으로 성능을 만족해야 한다. 하지만 기능적인 부분을 만족한다면 어디든 유연하게 사용할 수 있다. 유리 자체가 유닛이 되기 때문에 형태도 자유롭게 계획할 수 있다. 국내시장도 기술이 개발되면 향후에는 커튼월도 다양한 형태로 나타날 것이다.

클럽나인브릿지 파고라

설계	조호건축사사무소
위치	제주도 서귀포시 안덕면
면적	481.23m²
연면적	320.79m²
규모	지상 1층, 지하 1층
구조	철골조
주요 마감	유리, 페인트, 우드플로링
공사기간	2017년 08월 완공
시공	CJ건설
사진	ARCHFRAME

사용한 유리
종류   로이복층유리

사용한 프레임
종류   압연강판
제조사   ㈜일진유니스코

Usage of Glass

클럽나인브릿지 파고라 지붕의 내외부 전경. 건물의 메인 구조체에 공조설비를 설치해 실내의 온도를 일정하게 유지하도록 한다.

Interview 2

도시를 밝히는 미디어 캔버스
지스마트글로벌 이기성 대표

인터뷰 정신오

영화 '블레이드 러너(1982)'에서 그려진 도시는 모든 건물이 형형색색의 영상으로 뒤덮여 화려한 모습을 뽐내고 있다. 도시는 영화를 재현하듯 점차 밝고 화려해진다. 나무와 정원을 뒤덮던 작은 조명은 전구로 바뀌어 간판을 밝혔고 이제는 LED를 이용해 더 환하고 선명한 빛을 낸다. 지스마트글로벌은 한 걸음 더 나아가 유리 자체로 빛을 내고 영상이 상영되는 소재를 개발해 미래적인 도시의 풍경을 제안한다.

감씨(감) 지스마트글라스G-SMATT Glass는 전광판의 역할을 하면서 LED 회로를 투명하게 처리한 신소재이다. 이를 개발하게 된 배경은 무엇인가?

이기성(이) 기존의 디스플레이 전광판은 햇빛과 외부환경에 노출되었을 때 수명이 5년이 채 되지 못한다. 또한 뒷면은 전선이 지저분하게 배치되고 가림판으로 막혀 있어 채광에 방해가 된다. 많은 사람의 로망인 뉴욕 타임스퀘어는 옥외 광고판이 외벽을 막고 있어 실내에서는 햇빛을 볼 수 없다. 밤의 모습은 화려하지만, 건물을 이용하는 사람들에게 쾌적한 환경은 아니다. 우리는 이런 답답함을 해소하고자 디스플레이를 유리에 넣은 새로운 소재를 개발했다. 지스마트글라스(이하 지글라스)는 낮에는 건물 자체의 기능을 유지하면서 밤에는 옷을 갈아입듯 도시를 하나의 예술작품처럼 만든다.

감 지글라스는 어떤 과정을 통해 만들어지나?

이 지글라스는 엄밀히 분류하면 접합유리Glass다. 전기가 통하도록 표면을 산화철로 코팅한 전도성 유리에 얇게 회로를 새기고 그 사이에 일본 니치아Nichia 사에서 제작한 LED 칩을 넣는다. LED 칩이 외부에 노출되지 않고 진공에 가깝도록 밀폐된 상태에서 보존되기 때문에 내구성을 갖는다. 그다음 유리를 덮고 레진이라는 접착제를 충전한다. LED는 창틀 내부에 삽입한 전기배선도를 유리와 연결하고 전류를 보내 활성화한다.
크기는 빛을 균일하게 내면서 멀리까지 보내도록 하기 위해 최소 300×300㎜, 최대 3,000×1,500㎜로 생산한다. 아직은 기존의 커튼월을 지글라스로 교체하는 의뢰가 많아 2,500×1,000㎜를 많이 찾는다.
국내에서는 평택에 공장을 두고 있으며 월 기준 7만 5,000㎡를 생산한다. 또 중국 환경공사와 합작해 설립한 법인, 브릴쇼우 차이나Brill show China에서도 천진에 공장을 두고 지글라스를 만든다. 천진공장은 국내보다 생산설비가 더 크고, 양 역시 12만㎡로 국내보다 많다.

감 전기가 통하게 하면서 건축물에 사용하기 위해서는 일반 창호와 동일한 성능을 갖춰야 했을 텐데 어려움은 없었나?

이 최근에는 정부에서도 원판보다 복층유리를 사용해 재료 자체가 단열 성능을 갖출 것을 권한다. 지글라스 역시 실제로 건물에 쓰이기 위해서는 단열성을 갖춰야 한다. 우리는 열효율의 1등급을 맞추고자 회로를 넣은 접합유리와 판유리를 띄우고 그사이에 진공 가스를 넣어 복층유리로 제작했다.
또 일반 창호와는 다르게 유리에 인공조명이 삽입돼 있어 '인공조명에 의한 빛공해 방지법'을 준수해야 했다. 이 규정은 인공조명에 의해 발생한 빛이 지나치게 밝아 생활에 방해가 되는 것을 예방하고자 하는 법안이다. 빛 공해법을 기준으로 상업지역의 전광류 광고물은 해가 진 후 빛의 밝기가 1,500cd/㎡ 이하를 충족해야 한다. 시에서 측정한 결과 기존의 전광판은 빛의 밝기를 낮춰야 한다는 판정을 받았지만 지글라스가 사용된 코엑스의 커튼월은 적합하다는 답을 받았다.

감 주로 어떤 건물에 적용하나?

이 유리가 쓰이는 곳이라면 어디든 사용할 수 있다. 단순히 건축물에 그치지 않고 도시의 풍경을 화려하게 바꾸고 죽은 상권을 살리는 것이 우리의 목표다. 아직 도시 전체에 사용된 사례는 없지만, 두바이나 홍콩 등 곳곳에 제안하고 있다. 최근 삼성동 일대가 옥외광고 자유표시구역으로 지정되면서 강남구청에 제안해 코엑스에 직접 사용하기도 했다. 아직 시작단계이지만 사용하는 건물이 많아진다면 서울도 '블레이드 러너'의 한

Issue of Glass

코엑스는 기존의 유리 규격과 맞게 지글라스의 크기와 프레임을 제작해 설치하였다.

지테이너는 소비자가 건물 전체를 바꾸기에 부담스럽거나 일시적으로 홍보나 이벤트를 하는 곳에 사용할 수 있도록 개발했다.

장면처럼 점차 화려해질 것이다. 또 상권이 침체된 곳에 사용하면 건물 자체가 사람들이 모일 수 있는 커뮤니티 요소가 된다.
최근에는 전망용 엘리베이터, 백화점이나 에스컬레이터 난간 등의 유리에 사용하기도 한다. 기존에는 현수막을 위에서 길게 늘어뜨려 홍보했다면 앞으로는 영상을 교체해 이벤트와 광고를 쉽게 하는 것이 가능해질 것이다. 모바일과 화면이 상호 반응하는 효과도 가능하니 이벤트도 쉽게 열 수 있다.

감 최근 유리로 둘러싸인 컨테이너도 행사장 곳곳에서 볼 수 있다.
이 지테이너G-Tainer는 소비자가 건물 전체를 바꾸기에 부담스럽거나 일시적으로 홍보나 이벤트를 하는 곳에 사용할 수 있도록 개발했다. 2018 평창동계올림픽에서 방송사의 스튜디오, 서울드림페스티벌에서는 DJ 공연장, 코엑스에서는 노점과 행사용 부스로 쓰였다. 3×6×3m의 모듈을 쌓아 건물을 만들 수도 있다. 올림픽이나 월드컵 경기장처럼 일회성이 강한 건축물은 행사가 끝난 후 자원과 쓰임으로 많은 문제가 거론되는데 지테이너를 쌓아서 임시적인 경기장을 만들 수 있다. 또 이 자체가 하나의 스크린이 되어 외부에서도 경기를 관람할 수 있으니 일거양득이다.

감 건물에 시공하는 과정은 일반 유리와 차이가 있나?
이 기존의 커튼월 건물에서 유리를 교체하고 싶다면 규격에 맞게 제품과 프레임의 크기를 제작한 후 설치한다. 삼성동 코엑스의 크라운관은 이 방법으로 전면을 교체했다. 창의 면적이 적고 외관에 유리 외 다른 재료가 많다면 한 겹을 덧대 이중 외피double skin가 되도록 시공한다. '서울로 7017' 행사가 진행됐던 만리재로의 한 건물은 창이 적고 석재 면이 많아 이 방법을 이용했다. 하지만 철거 비용을 고려한다면 계획된 크기에 맞게 모듈을 제작해 처음부터 지글라스로 시공하기를 권한다.

감 예술 행사에도 많이 활용될 수 있을 듯하다.
이 실제로 핸드폰으로 그림을 그리는 예술단체 디지펀 아트Digi fun Art와 행사를 진행했다. 예술가의 영상을 상영하기 위해서는 제품에 맞게 화소를 조절하는 것이 필요하다. TV도 UHD, HD, SD가 있듯이 지글라스 역시 회로의 간격에 따라 화소가 달라진다. 콘텐츠 팀에서는 작가에게 받은 작품을 제품 간격에 맞춰 변환하는 작업을 한다. 현재 수서역 내부에서 정기적으로 진행하고 있으며, 이대 apm매장에서는 홍일화 작가의 작품이 상영되고 있다. 향후에는 사용자가 직접 영상을 전환할 수 있도록 하는 소프트웨어를 개발해 누구나 쉽게 영상을 틀고 바꿀 수 있도록 할 계획이다.

감 투명성을 살린 미디어 캔버스인 만큼 실내에서도 옥외영상을 볼 수 있을 듯하다. 실내에 빛이 방해되지는 않나?
이 LED는 양면이 아닌 한쪽만 발광한다. 실내에서 보는 면은 LED 발광체 뒷면이기 때문에 직접적인 빛은 가해지지 않는다. 위에 덮이는 유리 때문에 살짝 반사(재귀반사, retro-reflection)가 있긴 하지만 눈부심을 유발하거나 큰 불편함을 주진 않는다. 이대 apm은 LED 후면의 공간에 카페가 있기도 하다. 또 덮이는 유리를 색이 있거나 투명도가 바뀌는 제품을 사용해 재귀반사를 줄일 수 있다.

감 또 현재 개발 중인 기술이나 제품이 있다면?
이 제품보다는 소프트웨어에 집중하고 있다. 앞서 말했듯 누구나 영상을 직접 전환할 수 있도록 하는 프로그램을 개발하고 있고, 한 장소에서 여러 곳의 화면을 제어할 수 있게 준비 중이다. 빛 데이터와 인공지능이 결합해 콘텐츠를 선별할 수 있도록 하는 소프트웨어도 논의하고 있다. 유동인구에 따라서 콘텐츠가 바뀌고, 연령층에 맞는 광고가 화면에 표시된다면 제한 시간 내에 다양한 영상을 수요에 맞게 보여줄 수 있다.
최근 건축물은 외형을 유리로 사용하는 경우가 많다. 현 건축물의 70~80%는 유리를 외장재로 사용하고 있으니 기회는 무궁무진하다. 앞으로는 단순한 형태의 건물도 디스플레이적 요소를 통해 랜드마크가 될 수 있을 것이다.

3 Usage of Glass

Various Uses of Glass
유리의 다양한 쓰임새

글 정신오

'본다'는 행위에 감초처럼 빠지지 않고 등장하는 유리. 사물을 좀 더 또렷하게 보기 위해 쓰는 안경, 매일 끼고 보는 휴대폰과 TV까지. 하물며 일하는 사무실, 휴식을 취하는 집안 곳곳에서도 유리를 찾을 수 있다. 우리의 생활 속 유리는 어떻게 쓰이고 있는지 알아보자.

유리는 철이나 나무, 콘크리트처럼 하중을 버티는 구조적인 역할로 쓰이는 것은 아니지만, 생활에 없어서는 안 될 재료다. 기원후 79년부터 지금까지 창의 재료로 유리를 대체할 수 있는 것을 찾지 못했다. 도시의 대부분을 차지하는 고층 빌딩도 외벽은 모두 유리로 마감하고 투명도를 조절해 실내의 파티션으로도 쓰인다. 건물 외에 가구나 그릇의 재료로도 그 쓰임을 톡톡히 해내고 있다.

유리가 많은 곳에 쓰이는 이유는 단연 투명함 때문이다. 불순물을 거르고 고온에서 몸을 녹이는 과정을 거치며 속을 훤히 드러낸 유리는 우리의 오감 중 시각에 가장 지대한 영향을 미친다. 안경과 망원경, 모두 투명했기에 사물을 보는 것이 가능하다. 지금은 인공조명이 있어 실내에서도 일을 할 수 있지만, 전기를 발견하기 전에는 오직 창을 통해 들어오는 자연광에 의존했다. 전구가 낸 빛을 퍼지게 하는 것 역시 유리가 있어 가능하다. 인식하지는 못하지만 밤낮으로 인간이 생활하는 데에는 유리의 역할이 지대하다.

투명하다고 하면 최근 많이 쓰는 플라스틱이나 필름, 비닐 등이 함께 떠오른다. 그럼에도 건물의 외관이나 창의 역할로 유리를 대체하지 못하는 이유는 내구성 때문이다. 보기에는 떨어지면 깨질 듯 조마조마하지만, 예상외로 외부 환경에 강하다. 1,200℃의 고온에서 만들어진 유리는 뜨거운 태양이나 습기에도 오래 버틸 수 있어 타일이나 벽돌처럼 흡수율을 고려하지 않고 어디든 적용할 수 있다. 최근에는 유리에 LED 칩을 넣어 전광판의 역할을 하는 제품도 등장했는데, 이를 개발한 지스마트글로벌G-Smatt Global의 이기성 대표는 재료의 내구성이 좋아 기존의 전광판보다 2배 이상으로 수명이 길다고 말한다 (p.57 참고).

TV, 냉장고 같은 가전제품, 차량에도 유리가 쓰인다. 이들은 쓰임에 맞게 특정 용도를 강화한다. 또렷한 시야를 확보하는 것이 특히 중요한 차량유리는 왜곡에 관한 기준이 다른 건축 제품보다 더 까다롭다.

이번 장에서는 생활 속 유리의 쓰임과 실생활에 적용하기 위해 무엇을 고려하고 개발했는지에 대한 전문가의 이야기를 듣는다. 먼저 커튼월하면 빠질 수 없는 구조와 이에 특화된 파사드 엔지니어링을 짚는다. 그다음 우리의 공간을 쾌적하게 만드는 창과 실내를 구분하는 파티션으로의 쓰임에 대해 알아본다. 마지막으로 가구로 사용되는 모습을 통해 유리는 쉽게 파손되는 재료라는 편견을 깬다. 다양한 쓰임새를 통해 디자인과 기술적으로 무한한 가능성을 가진 유리의 면면을 살펴보자.

Usage 1

Glass as Curtain Wall

외장재로서의 유리

건축재료의 발전과 기둥식 구조가 도입되면서 창은 하중으로부터 자유로워지고, 형태와 크기에 구애받지 않게 되었다. 건축가는 창을 크고 넓게 계획했고, 마침내 모든 외피를 유리로 감싸는 커튼월 건축물이 등장했다. 프레임을 최소화하거나 숨기는 디테일은 보다 매끈하고 깨끗한 입면을 만들기 위한 제스처다.

Curtain Wall City
도시의 세련됨을 더하는 커튼월

글 박선우
(한국예술종합학교 건축학과 교수)

차가운 회색 도시는 너무나 일방적으로 외장재에 콘크리트를 사용했기 때문에 나타난 풍경이다. 이러한 스카이라인은 유리의 사용과 함께 하늘을 안고, 도시를 담을 수 있는 세련된 모습으로 변화하고 있다. 이제 우리 주변에 유리를 사용하지 않은 건축물은 없다.

1973년 제4차 중동전쟁과 함께 발발한 제1차 석유파동과 1978년 이슬람 혁명을 일으킨 이란이 석유수출을 중단하면서 발생한 제2차 석유파동으로 세계는 에너지 정책의 전환기를 맞는다. 일부 선진국에서는 태양열, 수력발전소, 풍력발전소와 같은 대체에너지를 생각하게 되었고 동시에 에너지 손실의 주범인 벽체와 창틀의 단열에 모든 나라가 경쟁적으로 연구에 진력하였다.

초기에는 창문의 크기를 줄여 에너지 방출을 줄이는 소극적인 정책을 폈지만, 이후 태양열을 적극적으로 실내로 끌어들여 조명 같은 인공적인 빛을 내기 위해 쓰이는 에너지를 절약하였다. 그리고 점차 에너지 절약과 자연조명이라는 두 마리 토끼를 잡기 위해 유리 커튼월의 필요성을 느끼게 된다.

커튼월의 발달은 도심 속 좁은 공사 현장에서의 높은 시공성과 외부와의 일체성을 추구하는 투명성 등 다양한 곳에서 원인을 찾을 수 있다. 공장에서 생산되어 현장에서 조립하는 시공 방식은 고품질을 유지하고 복층유리를 사용하여 단열 효과를 최대로 높이는 것을 가능하게 한다.

유리 구조의 발달

유리의 사용은 1차부재로 하중을 부담하는 구조재와 단순히 마감재로 사용하는 2차부재로 구분한다. 구조물 외피로 건축물을 감싸도록 쓰였다면 이는 2차부재로, 자중과 풍하중을 받는다. 즉 본래의 구조 시스템이 유리에 어떠한 하중도 전달하지 않음을 의미한다. 때문에 유리 커튼월은 안정성을 위해 후면에서 하중을 지지하는 구조를 어떻게 계획할 것인지에 대해 신경 써야 한다.

초기에는 전형적인 창틀 공법으로 시공되었으나 규모가 커지면서 후면에서 지지하는 구조물이 계획되어야 했다. 후면 구조는 건축 디자인에 따라 좌우되며 유리의 구조면을 지지하는 철물인 글래스 핀, 강재, 케이블 등과 같은 형태가 적용될 수 있다. 투명성을 강조하고 싶다면 글래스 핀을 이용할 수 있다. 더욱더 발전된 기술로는 유리를 현수하거나 케이블 네트 파사드로 구조물 없이 시공하는 방법이 있다. 무창틀 공법에서는 스파이더를 이용한 점 지지 방식을 쓰기도 한다.

프랑스 국립도서관 전경. SG공법 중 상하좌우를 실리콘으로 고정하는 4면 방식으로 시공되었다.

유리는 입면과 지붕이 통합된 자유 형상으로 많이 건축되었고 앞으로는 더 늘어날 것이다.
이중 곡률을 갖는 건축물은 삼각형 그리드로 분할해 원하는 곡률을 디자인할 수 있다.

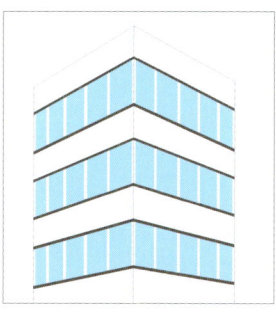

SG공법 2면 방식과 4면 방식.

커튼월 시공 방법의 종류

창틀 공법 초기 커튼월은 창틀에 유리를 삽입해 퍼티putty로 테두리를 마감하는 공법을 사용했다. 어떠한 구조적인 특징도 찾아볼 수 없는 단순한 시공법이다. 그러나 미국 패킹 제조업자의 실험실에서 SG공법이 개발되면서 1960~70년대 초반에 적극적으로 시도됐다. 이 공법은 실리콘으로 파사드를 하부구조에 부착하는 방식인데 유리와 실리콘 재료는 강재처럼 열전달률이 적기 때문에 단열 효과가 높다. 재래적인 건식 유리 시공은 노화로 인해 누수가 발생하지만, 이 공법은 방수성이 우수하다. 또 부재의 공장생산과 적은 노동력으로 시공할 수 있어 비용 절감도 가능하다.

SG공법은 2면과 4면 시스템으로 분류한다. 2면 방식은 기존 창틀에 고정하는 것과 동일하게 프레임에 상하 면을 끼우고 좌우 두 면을 실리콘을 이용해 고정한다. 때문에 수직부재는 눈에 띄지 않고 수평의 띠를 두른 듯한 모습이다. 전면이 유리로 감싸진 경우보다 수평으로 창을 낼 때 많이 활용한다. 전면을 유리로 감싸는 경우엔 4면 방식을 쓴다. 이는 상하좌우 모두 실리콘으로 고정하는 시스템으로 전체적인 고정이 유리 뒤로 감춰진다. 대표적으로 루브르 박물관의 유리 피라미드와 프랑스 국립 도서관의 파사드에서 살펴볼 수 있다.

SG공법은 패널을 지지하는 후면 구조, 개스킷과 같은 패킹재료, 접착제로 이루어진다. 후면 구조는 강접 시스템으로서, 하중을 부담하며 주로 강철과 알루미늄이 사용된다. 패킹재료는 유리에 작용하는 풍하중을 후면 구조로 유도하고 자중을 전달해 전체 입면의 합리적인 구조 요소가 되어야 한다. 때문에 후면 구조의 재료와 실리콘 패킹 재료의 접착력을 사용 전에 세심하게 테스트해야 한다. 또 실리콘 패킹재료는 깨끗한 표면에 큰 부착력을 가지므로 때로는 초벌칠을 사용하는 것이 필연적이다.

무창틀 공법 무창틀 시스템은 유리 현수, 글래스 핀glass fin, 케이블 네트 방식cable-net system이 있다. 유리를 현수하는 공법으로 최초에 지어진 건물은 파리의 라빌레트 식물원이다. 식물원의 입면은 8×8m의 모듈로 나뉘며 각각은 2×2m의 유리로 분할된다. 가장 상부에 있는 4개의 패널은 강관에, 아래 3줄은 상부 유리에 현수된다. 여기에서 유리의 자중은 상하로 연결되는 패널에 전달되고, 풍하중과 같은 횡력은 후면에 설치된

무창틀 공법에서는 스파이더를 이용한 점 지지 방식을 쓰기도 한다.

Usage of Glass

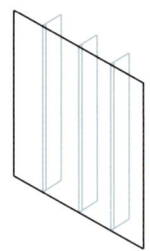

글래스 핀 공법으로 시공한 애플스토어.

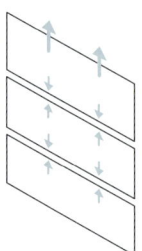

최초로 유리를 현수해 시공한 파리 라빌레트의 식물원.

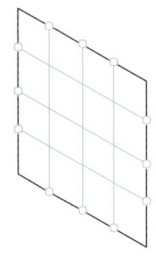

케이블네트 방식을 이용해 시공한 로테르담의 마켓홀.

케이블 트러스가 부담한다. 그리고 유리의 좌굴과 부풀음을 방지하기 위해 상부를 현수 방식으로 고정한다. 이 방식은 유리패널만으로 모든 연결재료를 생략할 수 있다.

단열이나 에너지 절약 면에서 SG공법이 유리하지만, 투명성에서는 글래스 핀 방식이 탁월하다. 이 방식은 유리의 자중과 풍하중을 후면의 글래스 핀이 부담하도록 하는 시스템이다. 유리가 대형화되면서 압축력을 받게 하는 것보다는 상부 구조에 달아 인장력을 받게 하고 횡력은 후면 구조로서 글래스 핀을 이용한 것이다.

케이블 네트 방식은 1990년 슐라히 J. schlaich가 최초로 개발하여 독일 뮌헨 공항의 캠핀스키 호텔 Kempinski hotel에 사용했다. 이는 유리를 구조체로 연결하지 않고 케이블 네트의 교차점마다 철물을 설치해 당기면서 재료 사이를 실리콘으로 고정하는 방식으로 테니스 라켓과 유사하다. 케이블 네트 방식은 메인 구조가 겉으로 드러나지 않아 재료 본연의 투명함을 유지할 수 있다. 현재 여러 나라에서 사용되고 있지만 국내에서는 인천국제공항 제2여객터미널에 사용되는 정도로 아직 개발 초기 단계이다.

미래의 유리 건축

유리 건축물이라고 하면 단순히 입면에 사용된 사례를 떠올리지만, 입면과 지붕이 통합된 자유 형상free-form으로 많이 건축되었고 앞으로는 더 늘어날 것이다. 자유 형상을 계획할 때는 건축가의 디자인도 중요하지만, 구조적인 면을 더욱 고려해야 한다. 이중 곡률을 갖는 건축물은 삼각형 그리드로 분할해 원하는 곡률을 디자인할 수 있다. 하지만 접합점이 2차원적이 아니고 3차원적으로 고려해야 하기 때문에 문제는 더 복잡하다.

건축가가 파사드와 지붕이 통합되는 곡면 건축물 형태의 쉘구조와 막구조 같은 외양에 투명성을 원한다면 어떠한 재료를 선택하느냐에 대한 고민이 클 것이다. 대안은 ETFE에틸렌 테트라플로로 에틸렌, Ethylene Tetra fluoro Ethylene, 폴리카보네이트Polycarbonate와 유리가 될 것이다. 폴리카보네이트는 장차 건축재료 유리의 본질적인 경쟁 상대이기도 하다. 그것은 유리보다 40% 가볍다는 장점 이외에 놀랄 만한 탄성을 가지고 있다. 반투명한 폴리카보네이트는 단점이 될 수 있지만, 장점이 될 수도 있다. 투명한 유리를 사용했을 때 직사광선을 피하기 위해 블라인드가 설치되어야 하지만, 폴리카보네이트는 간접조명의 효과를 연출할 수 있다. 또한 다양한 색상으로 생산되기 때문에 건축가가 원하는 야경 분위기를 쉽게 계획할 수 있다. 반면에 UV-자외선에 쉽게 변질된다. 태양의 직사광선을 받는 지붕이나 굴곡진 입면은 투명성을 잃을 수 있어 건축가가 원하는 콘셉트를 달성할 수 없다.

기술은 항상 필요에 따라 발전되어왔다. 미래의 유리는 어떠할까? 누구도 쉽게 결론을 내릴 수 없다. 규모와 무관하게 모든 건축물에서 유리는 예외 사항이 아니다. 또한 단지 커튼월에 한정되어 사용되는 것이 아니고, 다양한 분야의 구조물에 사용될 수 있다. 때문에 단순 마감재 또는 구조재로서의 재료뿐 아니라 커튼월을 지탱하는 후면 구조나 조인트의 디테일과 병행해서 발전되어야 한다. 여기에 추가적으로 경제적인 면과 에너지 절약에 대한 문제도 고려해야 진정한 미래가 있을 것이다.

박선우
한국예술종합학교 건축학과 교수
고려대학교 건축공학과에서 학사와 석사를 마치고 독일 아헨공과대학교에서 학사, 도르트문트대학교에서 박사학위를 받았다. 한국공간구조학회의 회장을 역임했으며 현재는 한국예술종합학교 미술원의 건축학과 교수로 건축구조를 가르치고 있다.

Interview 1

건축, 투명한 유리 옷을 입다

인터뷰 심영규

옷은 누군가의 개성을 드러내면서도 신체를 보호해야 한다. 건축에서도 마찬가지다. 건물의 입면은 미적이면서 구조나 단열, 에너지 면에서 사람이 생활하는 데 부족함이 없어야 한다. 이에 파사드 엔지니어링이라는 분야가 등장하며 아름다우면서 안정된 건물을 설계하도록 돕는다. 국내외 여러 프로젝트의 커튼월 파사드 엔지니어링을 진행한 브이에스에이(VS-A) 코리아의 김나리 공동대표를 만나 유리 커튼월을 디자인하고 시공하는 노하우를 들어본다.

김나리
브이에스에이 코리아 공동대표

프랑스, 네덜란드, 홍콩 등지에서 다양한 건축, 도시 프로젝트를 맡으며 건축가로 활약했다. 2010년 브이에스에이에 입사 후 2014년 서울에 브이에스에이 코리아를 공동 설립하였으며 디자인과 엔지니어링 양 분야에 대한 경험으로 클라이언트와 디자인 팀과 다른 분야 간에 효율적인 소통을 이끌어낸다.

대신파이낸스센터 내부. 유리는 채광과 조망을 담당할 뿐, 유리 좌측의 벽을 열어야 환기를 할 수 있다.

대신파이낸스센터 입면. 2×2m의 유리 모듈을 프레임 밖으로 규칙적으로 배치하고 돌출되는 방식으로 시공했으며 프레임을 열어 환기를 해결한다.

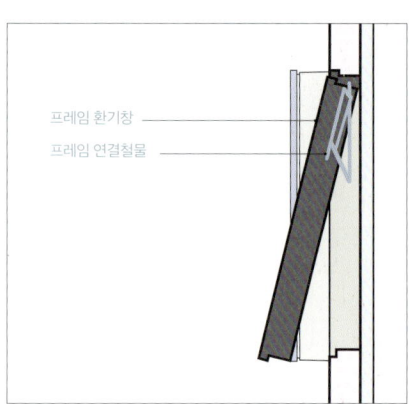

대신파이낸스센터 환기창 단면도

갑씨(갑)　국내외 유명 건축 프로젝트에 입면 디자인과 에너지 관련 작업을
진행했다. 브이에스에이에 대한 소개를 부탁한다.

김나리(김) 브이에스에이는 한마디로 '파사드 엔지니어링' 회사다. 1989년 프랑스에서 설립되었고, 홍콩과 서울에 지사가 있다. 건축에서 입면은 패션처럼 미적으로 아름다우면서 기능적인 부분도 충족해야 한다. 우리는 입면을 설계하고, 이를 구현할 수 있도록 구조와 에너지 등의 문제를 해결하는 일을 한다. 주로 미술관이나 브랜드의 쇼윈도 혹은 에너지 효율이 중요한 대형 오피스 프로젝트를 많이 한다.

갑　아직 국내에서는 파사드 엔지니어링 분야가 생소하다. 디자인 기획부터 설계, 시공 중 주로 어디에 참여하나?

김 파사드 엔지니어링은 입면 디자인, 구조와 에너지를 해결하는 카운셀링 그리고 시공의 세 단계로 나뉜다. 유사하게 국내에는 커튼월 엔지니어링을 전문으로 하는 회사가 있는데 이들 대부분은 에너지나 열적인 문제를 외주로 맡긴다. 브이에스에이는 직원의 3분의 2는 건축가, 나머지는 엔지니어로 모든 요소를 자체적으로 해결한다.

국내 프로젝트는 예산 안에서 건축가가 디자인을 구현할 수 있도록 기능의 문제를 해결하는 작업이 대부분이다. 하나은행 삼성동 별관 리모델링(갑03 콘크리트 p.92 참고)은 시공 단계에 참여했다. 이 프로젝트에 쓰인 모듈은 하나가 4×4m로 너무 커 반으로 나누어 제작했다. 그 과정에서 무게중심이 분리되어 고정하는 데에 어려움이 있었다. 우리는 구조적인 계산을 바탕으로 모듈을 하나로 결합해 슬래브와 연결할 수 있도록 했다. 하지만 계획 단계부터 함께 하는 것이 더 좋다. 채광을 조절하기 위해 좋은 유리나 차양을 설치하는 것보다 처마를 잘 만드는 것이 먼저이듯 해결책을 제시하기 전에 문제가 생기지 않도록 디자인하는 것이 중요하다. 또 계획 단계부터 구조에 문제가 생기지 않도록 시공을 해야 이후 발생하는 문제로부터 시간과 예산을 줄일 수 있다. OMA는 처음 공모전 단계부터 엔지니어와 핑퐁게임처럼 아이디어를 주고받으면서 함께 디자인한다.

갑　국내에서 디자인부터 시공까지 함께 참여한 프로젝트가 있나?

김 대신파이낸스센터는 디자인부터 시공까지 참여한 프로젝트다. 건축주는 단순한 패턴을 반복해 유행을 타지 않기를 원했다. 이 건물의 입면은 2×2m의 유리 모듈을 프레임 밖으로 규칙적으로 배치하고 돌출되는 방식으로 시공했다. 겉보기엔 단순하지만 어느 하나 뻔하고 전형적인 것이 없다.

3,000㎡ 이상의 대형 건물은 환기를 위해 개구부 수와 면적을 법으로 규제한다. 창을 열고 닫기 위해서는 창틀이 필요한데, 대부분의 커튼월은 이런 프레임 때문에 투박해 보인다. 그래서 프레임 자체를 창으로 사용하는 방법을 고안했다. 입면을 보고 정사각형의 모듈이 열릴 것이라 예상하지만 유리는 채광과 조망을 담당할 뿐, 옆의 벽을 열어 환기를 한다. 화재 발생 시 탈출을 위해 윗부분이 열리거나 소방관이 진입할 수 있도록 하는 것 외의 모든 유리는 고정했다.

아래 로비 공간은 2.3×2.3m의 모듈을 얇은 프레임으로 고정해 평평하다. 여기서는 유리를 밀어서 환기하도록 했다. 창을 열면 2×2m의 모듈과 동일한 입체감을 갖는다. 국내에서는 다른 방법으로 설계해도 법규, 구조, 실용성을 따지다 보면 기존의

프랑스 불로뉴비양쿠르에 위치한 퀘 웨스트Quai Quest 전경.

코너에 있는 건물이 단조로워 보이는 것을 피하기 위해 유리를 접어 시공했다.

시공법과 기성 제품을 사용하게 되고 결국 비슷한 느낌의 건물이 된다. 건축주 역시 새로운 시공법을 개발하는 것을 잘 인내하지 못한다. 대신파이낸스센터는 형태와 문제를 푸는데 다섯 달이 걸렸지만 이를 해결하기 위해 시공법을 개발한 덕에 초기에 계획했던 대로 시공할 수 있었다.

갑 국내에도 끊임없이 고층빌딩이 들어서고 있다. 이때 유리를 외장재로 많이 사용한다.

김 파사드는 크게 투명재와 불투명재가 있다. 불투명재는 다양하지만 재료가 완벽하게 투명한 재료는 아직 유리와 플라스틱뿐이다. 국내 건축주들은 파노라믹 뷰에 대한 로망 때문인지, 깨끗한 외관 때문인지 전면 유리를 원한다. 하지만 에너지를 생각하면 커튼월보다는 창을 내는 방식이 좋다. 심리적으로도 전면 창일 때보다 벽이 있을 때 안정감을 느끼고 진동도 덜하다. 그래서 70cm 정도 높이의 벽을 두기를 권한다.

갑 우리나라는 유리를 사용하기에 적합한 환경은 아니다.

김 한국은 사계절이 뚜렷하고 연교차가 커 결로가 맺히기 쉽다. 유리를 사용하기에 좋은 환경이 아니다. 다행히도 지난 10~20년간 이를 보완하는 코팅 기술이 많이 개발됐다. 또한 태양열을 전기로 바꾸고 건전지에 저장해 대체에너지로 사용하는 PV^{solar photovoltaic} 방식에 대한 연구가 활발하다. 최근 스페인에서 투명하게 처리한 전도체를 유리의 표면에 코팅한 투명 패널도 개발하였다. 불투명 패널에 비하면 아직 효율성은 떨어지지만, 더 보완하면 가정에서도 사용할 수 있다.

갑 국내에서는 유리 원판을 생산하는 업체가 몇 안된다. 유리의 생산 규모나 제품 종류, 유통 과정 등으로 인해 불편한 점이 있나?

김 유리는 생산 업체가 적고, 규격 외로 제작하려면 비용이 많이 든다. 국내시장이 아파트에서 자주 사용되는 규격과 종류 위주로 생산했기 때문에 커튼월 건물에 사용할 수 있는 제품이 몇 없다. 크기와 형태를 조금만 달리해도 값을 2배로 지급해야 한다. 그래서인지 점점 중국의 제품을 직거래나 에이전시를 통해 들여오는 경우도 늘고 있다.
중국은 프로젝트도 많고 경쟁이 심해 제품이 다양하면서도 가격도 저렴하다. 애플스토어의 유리를 생산하는 중국의 노스글라스^{NORTH GLASS}는 최대 길이 14.5m까지 제작할 수 있다. GNT 글라스도 최근 국내에 제품을 많이 납품한다. 한국도 복잡한 형태의 프로젝트가 많아지면서 제품이 더 다양해질 것이다. 국내에서는 국영유리와 자산유리에서 이 같은 수요에 발빠르게 대응하고 있다.

갑 많은 건축가가 커튼월 시스템으로 시공할 경우 프레임을 최소화하고자 여러 가지 시도를 하고 있다. 이에 대한 VS-A만의 노하우나 시공법이 있나?

김 보통 창 면적을 넓히는 방법을 생각하지만, 폭이 좁은 유리를 쓰더라도 구조물을 튀지 않도록 배치하는 것이 중요하다. 스파이더 시공법처럼 요소가 적어도 연결철물과 케이블이 튀면 시선이 그곳으로 모인다. 프랑스 낭시에 있는

프랑스 낭시에 있는 장 푸르베 콘퍼런스홀 리모델링 프로젝트는 케이블처럼 프레임을 위쪽의 스프링으로 당겨 단 5cm의 프레임으로 높이가 10m가량 되는 유리를 고정한다.

유블로는 에너지 손실과 조망을 해치는 프레임을 최소화하면서 환기가 가능하도록 만든 창이다.

손잡이는 취향에 맞게 화병, 시계 등으로 다양하게 활용할 수 있으며 프레임을 투명하게 처리하는 것도 가능하다.

장 푸르베 콘퍼런스홀Centre PROUVE-Congress Center 리모델링 프로젝트는 단 5cm의 프레임으로 높이가 10m가량 되는 유리를 고정했다. 특별한 장치가 있는 것은 아니다. 케이블처럼 프레임을 위쪽의 스프링으로 당긴 것이다. 각 유리의 크기에 따라 풍하중이 얼마나 되는지 계산하면 스프링이 버텨야 할 응력이 나온다. 그 값에 따라 스프링을 당겨서 유리를 고정하면 그렇지 않았을 때보다 프레임의 깊이를 크게 줄일 수 있다. 극한의 경우를 대비해 응력을 1.5배로 계산해 적용하기 때문에 안전하다.

갑 유리를 새롭게 시도한 사례가 있다면?
김 유리는 빵처럼 구워서 만들기 때문에 조형적으로 가능성이 크다. 프랑스 불로뉴비양쿠르에 위치한 퀘 웨스트Quai Quest 는 유리를 대각선으로 접어 반사각을 달리했다. 건축가는 코너에 있는 건물이 단조롭게 보이는 것을 피하기 위해 유리를 접었다. 꺾인 곳이 대지의 코너와 일치해 잘 어울렸다.

갑 외피 디자인뿐 아니라 재료도 직접 연구하고 있다.
김 유럽에서는 맞춤형 제작 시스템이 잘 되어 있어 30년간 제품을 개발할 필요가 없었다. 하지만 아시아는 종류나 규격이 한정되어 직접 유리를 제작했다. 그중 하나가 홍콩지사에서 개발한 글라스 베일Glass Veil이다. 장 푸르베 콘퍼런스홀이 스프링으로 유리를 잡아당겼다면, 글라스 베일은 유리 자체에 인장력을 주어 구조물이 필요 없다. 지금은 상용화하기 위해 프로토타입을 만들고 있다.

갑 2017년에는 연세대와 함께 유블로 환기창을 개발하기도 했다.
김 일반적으로 창은 프레임 때문에 열손실이 생기고 조망을 해친다. 유블로Ublo는 에너지 손실과 조망을 해치는 프레임을 최소화하면서 환기가 가능하게 만든 창이다. 평소에는 마개를 막았다가 환기할 때 뽑는 방식으로 물마개를 생각하면 이해하기 쉽다. 유블로 창은 1.7×1.7m 두께 6㎜의 유리에 국내 평균적인 풍압인 15kPa의 힘이 가해진다고 가정하면 최대 13개의 개구부를 낼 수 있다. 개구부가 크면 단열을 위해 두꺼운 유리를 사용해야 하지만 이 제품은 구멍이 작아 그럴 필요가 없다. 페트병 뚜껑처럼 손잡이를 돌려서 여닫는 방식으로 사용법도 간단하다. 기밀성이 필요한 이음새는 볼트와 너트가 맞물려 조이는 방식을 차용했고, 이를 위해 개구부는 원형으로 제작했다. 유블로 창은 몇몇 프로젝트에 적용해 하자를 확인하고 보완한 뒤 상용화할 예정이다.

정리 정신오

대신파이낸스센터

설계	B&A design
위치	서울시 중구 저동1가
대지면적	2,959㎡
연면적	52,933㎡
규모	지상 25층, 지하 7층
구조	철골·철근콘크리트, 철근콘크리트
주요 마감	글라스 커튼월
완공	2016년 9월
사진	비이에스에이 코리아 제공

사용한 유리

투명부	32㎜ 양면반강화 로이복층유리 8KS145II HS + 16AR(SWS U) + 8CL FRIT HS
불투명부	26㎜ 양면반강화 로이복층유리 8KS145II HS + 12AR(SWS U) + 6CL FRIT HS
규격	2×1.875m
제조사	한글라스

사용한 프레임

종류	알루미늄 프레임
규격	TOWER 2m × 1.875m
제조사	알루이엔씨

Usage of Glass

Usage 2

Glass as the Window

창으로서의 유리 글 정신오

창에는 유리부터 창틀의 작은 부품 하나하나까지 누군가의 생활을 위한 배려가 담겨 있다. 여기에 건물의 용도와 사용자에 맞춰 밖을 멀리 조망하고, 편히 열 수 있도록 하는 건축가의 세심함이 더해져 일상을 더욱 쾌적하게 만든다.

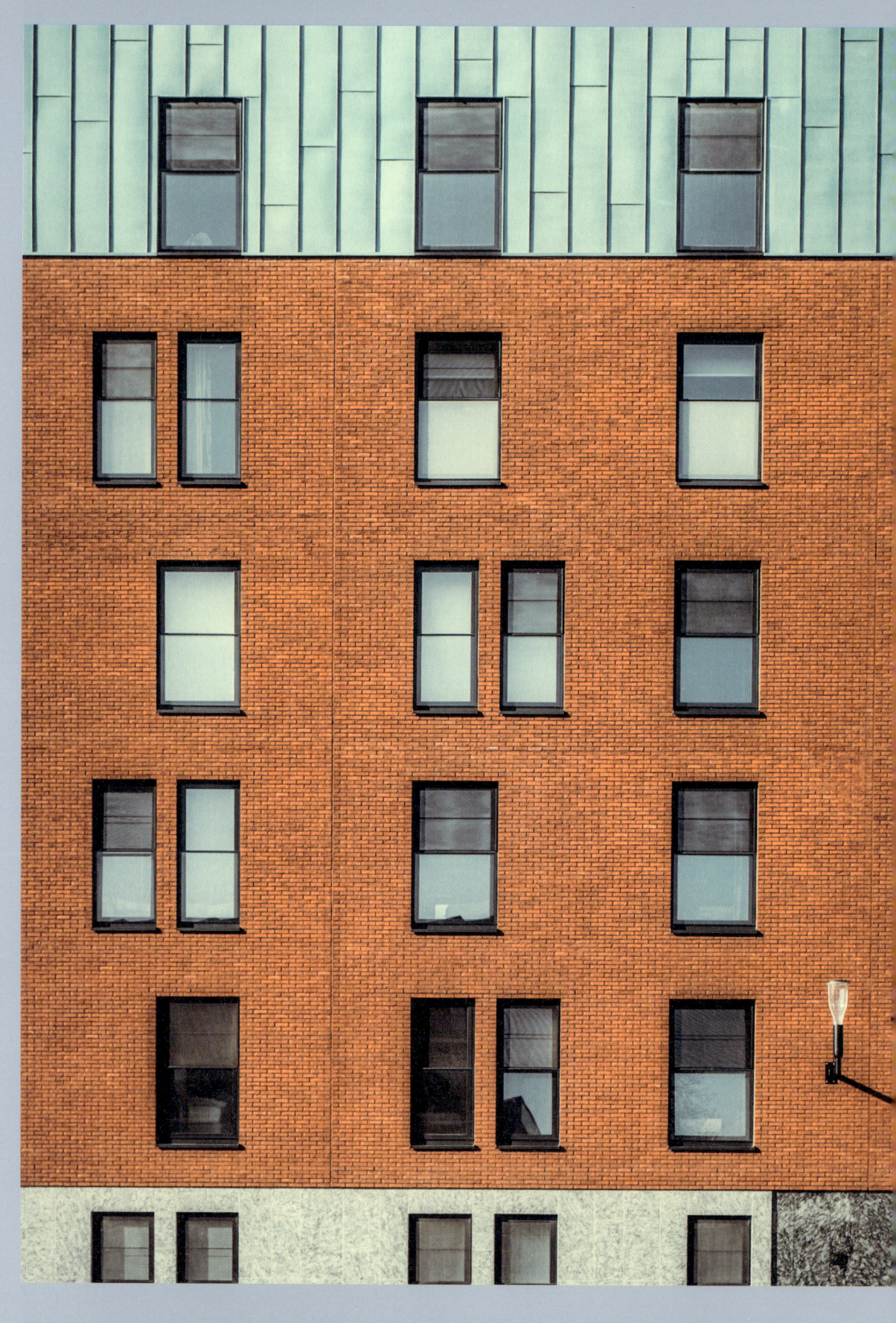

Windows
for a Pleasant Life
생활을 쾌적하게 만드는 창

글 정신오

채광을 위해 계획되었던 창이 단열과 기밀, 수밀 등 생활에 필요한 성능을 고루 갖추고자 변모하고 있다. 적절한 위치에 계획된 창은 생활을 쾌적하게 만드는 것은 물론 공간이 알맞게 기능하기 위해 필요한 에너지 또한 줄여준다.

고려 요소—단열성, 환기, 디자인

창은 공간의 용도와 주변 환경에 따라 위치와 크기를 결정한다. 가령 주거 공간에서는 실내를 밝고 따뜻하게 하기 위해 남향에 크게 두는 것을 선호한다. 또 불을 사용하는 주방은 환기를 위해 창이 필요하다. 시뮬레이션을 통해 실내의 채광과 환기를 확인하고 창의 위치와 크기를 조정하는 것도 좋은 방법이다. 창을 계획할 때는 창호 전체에 대한 고려가 필요하다. 특히 창틀은 소재에 따라서 단열성은 물론 건물 안팎의 미관에도 큰 영향을 미친다.

창틀 꼼꼼히 따져보기

❶ **소재** 국내에서는 PVC나 알루미늄 소재의 창틀을 많이 사용한다. 주거에서는 상대적으로 단열 성능이 좋고 경제적인 PVC 소재를 선호한다. 하지만 이는 알루미늄과 비교해 두껍고 디자인이 투박하다. 폭을 줄일 수 없다면 프레임을 구조부 안쪽으로 들여서 설치하는 것도 좋은 방법이다. 일반적으로 프레임은 구조체 표면에 고정하는데, 구조체를 창틀 간격만큼 들이고 그 사이에 고정한다면 외부에서 보이는 면을 줄일 수 있다. 텍토닉스랩 김현대 대표는 프레임을 벽돌과 콘크리트 사이에 끼워 시각적으로 방해되지 않도록 설계했다고 말한다(p.87 참고).

❷ **격실** 창틀의 단면을 보면 여러 칸으로 공간이 나누어진 것을 볼 수 있다. 격실chamber이라고 부르는 이 공간은 열의 흐름을 끊어주도록 만든 것으로 외기가 침입하거나 빠져나가는 것을 막아줘 단열에 큰 영향을 미친다.
　단면을 보았을 때 외부에서 내부로 이어지기까지 몇 개의 공간으로 나뉘는지에 따라 n격실 또는 n체임버라고 하며, 5~6개가 일반적이다. 격실이 다층이고 복잡할수록 열의 흐름을 끊고 빗물을 차단하는 벽이 많아지므로 에너지 효율이 높다.

❸ **개스킷** 유리와 창틀부를 고정하는 검은색의 고무, 바로 개스킷gasket이다. 창호 시공 현장에서 편리를 위해 실리콘을 쏘아서 유리를 고정하기도 하지만 기밀과 수밀을 위해서는 개스킷에 삽입해야 한다.
　겉으로 보이는 개스킷은 극히 일부지만, 실제로는 창틀 내부에 삽입하고 유리를 감싸도록 제작된다. 크기는 유리의 면, 두께, 위치에 따라 수십 가지이며 형태에 따라 크게 H형, Y형, C형으로 구분된다. 일반적으로는 H형을 사용하며 실리콘으로 고정한 것과

창틀은 내부에 격실이라는 공간을 여러 층 두어 열의 흐름을 끊어주도록 제작한다.

창호의 단열이 충분하지 않으면 벽체까지 습기가 스며들 수 있다.

비교해 상대적으로 비와 바람으로부터 유리를 힘있게 지지한다. 소재는 EPDM^{Ethylene Propylene Diene Monomer rubber}, 실리콘, 그리고 TPE^{Thermo Plastic Elastomer}와 같이 탄력성 있는 합성수지계로, 진동에 강해 내진성을 갖춘 창호를 설계할 때 필수적으로 고려하는 항목이기도 하다.

❹ **개폐 방식** 창은 개폐 방식에 따라 고정식과 이동식으로 구분한다. 고정창은 개폐를 위해 별도로 설치되는 부품이 없기 때문에 상대적으로 얇은 프레임을 계획할 수 있는 반면 이동창은 여는 방식과 성능강화 요소에 따라 제품 내부의 부품이 달라진다.

상단 또는 하단이 15˚가량 열리는 들창^{tilt window, awning window}은 커튼월 건물이나 업무 공간에서 주로 이용한다. 개폐에 필요한 면적이 적은 대신 환기 면적도 크지 않다. 주거 공간에서는 좌우로 개폐되는 미닫이창^{sliding window}을 많이 사용한다. 여닫이나 들창과 비교해 창틀이 더 넓은 면적을 차지하지만 창틀을 제외한 모든 면적으로 통풍이 가능하니 환기량이 가장 많다.

❺ **크기** 정부에서 규정한 단열 기준을 만족하기 위해서는 반드시 복층유리 이상을 사용해야 한다. 복층유리^{Gdo}는 최소 5mm 유리 2장과 6mm의 중공층로 이루어져 두께가 적어도 16mm 이상이다. 로이유리^{Gco01}를 사용하거나 삼중복층유리^{Gdo04}로 시공하는 경우 더 두꺼워진다. 그러나 유리가 두꺼워지면 무게가 증가하고 시공이 어려워질 뿐 아니라 창을 여닫기가 힘들어진다. 때문에 업체와 제품마다 창의 최대 크기가 정해져 있다. 각 제품이 감당할 수 있는 하중 이상으로 창을 계획한다면 프레임이 유리를 가로지르도록 중간에 배치해야 하며 이는 조망을 해칠 수 있어 제작 규격을 사전에 확인하는 것이 좋다.

최소 규격은 어떤 성능을 강화하도록 설계했는지에 따라 차이가 있다. 기밀성을 높이기 위해 창을 열고 닫는 과정에서 잠금장치가 작동하도록 프레임을 설계했다면, 이런 부속품이 들어가는 데 필요한 최소 규격에 맞춰 창을 만들어야 한다.

창의 하자 대처법과 유지관리

내외부의 공기가 순환함에 따라 창의 표면에는 자연스럽게 결로가 발생한다. 특히 겨울철에는 기온이 영하로 떨어지면서 실내외의 온도 차가 커져 결로가 자주 생긴다. 하지만 이런 자연적인 발생 외에도 유리 자체의 문제로 인해 나타나기도 한다. 자연 발생적인 결로는 창의 가장자리부터 생기는데, 유리 자체의 문제가 있는 경우 중심부터 나타난다. 이는 중공층의 가스가 누출되면서 나타나는 현상이다. 중공층에 주로 쓰이는 아르곤 가스가 유리 밖으로 누출되거나 창의 하단부에 머물면 창을 바깥쪽으로 휘게 만든다. 가스가 누출된 유리는 단열재의 기능을 할 수 없어 반드시 교체해야 한다. 유리와 창틀을 고정하는 실리콘이 손상된 경우에도 결로가 발생한다. 이는 복층유리 내에 물이나 공기가 들어가면서 나타나는 것으로, 습하거나 온도 차가 심하지 않아도 창에 물방울이 맺힌다. 이 역시 단열성을 갖추지 못하므로 교체가 필요하다.

단열 성능이 우수한 제품을 사용하는 것도 좋지만 창을 깨끗하게 유지하는 것도 소홀히 하지 말아야 한다. 지문이 찍힐 정도로 표면이 오염되었다면 10%가량의 열을 획득하지 못한다. 그러므로 창을 정기적으로 관리해 청결하게 유지하는 것이 좋다.

(위쪽부터) 들창과 프로젝트창. 들창 중에서도 하단이 열리는 것을 프로젝트창이라 한다.

(위쪽부터) 여닫이창, 미닫이창.

Interview 2

벽돌의 고즈넉함을 담은 창, 일상의 만족도를 높이다

인터뷰 정신오

"벽돌, 너는 뭐가 되고 싶니?" 벽돌은 "아치"라고 답한다. 재료의 물성을 중요하게 여기던 건축가 루이스 칸의 수업 중에 있었던 일화다. 비록 현대건축에서는 잘 안 쓰지만, 아치는 조적에서 끊임없이 쓰여온 어휘다. 김현대 대표는 벽돌의 바람을 담아 입면 곳곳에 아치로 창을 냈다. 청운동 주택 개구부 하나하나에서 묻어나는 재료의 고즈넉함을 살펴보자.

김현대, 김수경
텍토닉스랩 공동대표

김현대는 건축, 도시, 조경 등 분야의 경계를 넘어서는 형태적 상관성에 관심을 갖고 Transdisciplinary Tectonics in Transition을 주제로 지속적인 연구와 실무를 동시에 진행하고 있다. 연세대학교 건축공학과에서 학사를, 미국 프린스턴 대학교에서 건축석사 학위를 받았고, 미국건축사(AIA) 및 LEED AP 자격을 보유하고 있다. 현재 이화여자대학교 건축학전공의 건축설계교수로 재직 중이다. 김수경은 Tectonics Lab의 공동설립자로, 이화여자대학교에서 건축학 학사 학위를 받았다.

청운동 주택 남측 전경. 정원으로 쓰이는 남측을 열어 채광을 확보했다. 창은 벽돌의 구축방식에 어울리는 아치 형태로 제작하였다.

청운동 주택 북측 전경. 에너지효율과 생활습관에 따라 개구부를 디자인했다.

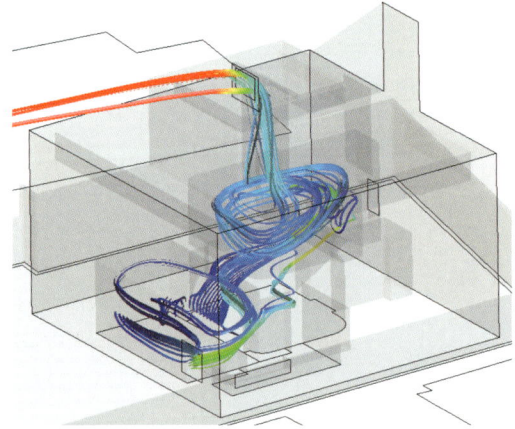

가상의 기체 분자를 공간에 퍼뜨려 내부 환기가 어떻게 되는지 파악하는 CFD 시뮬레이션을 통해 창의 크기와 위치를 조정하였다.

감씨(감) 육면체를 쌓은 듯 단정한 형태와 대칭 구조의 평단면 구성이 눈에 띈다.

김현대(김) 건축주는 10대 때부터 기존 주택에 살았고 은퇴를 1년 앞둔 상황에서 집을 허물고 새로 지어 사무실 겸 연구실로 쓰고 싶어 했다. 평생 같은 곳에 살다 보니 요구 사항이 명확했고 본인의 생활에 맞게 직접 도면을 그려와 형태나 공간구성에서 별다른 선택권이 없었다. 우리는 건축주의 요구 사항을 벗어나지 않으면서 공간 구조를 파악했고 그 과정에서 수천 년 동안 주거에서 많이 발견된 나인스퀘어 그리드 9 square grid 를 발견했다. 이는 한국에서 전통 전각건축의 대표적인 유형이었으며, 르네상스 전후에 유형학적으로 정착된, 보편적인 공간 구조이다. 3×3칸이라는 간소한 형태의 다이어그램으로 시작된 설계는 집이 갖추어야 할 기능을 수용하면서 실질적인 삶을 담을 구체적인 공간으로 발전되었다.

감 직선으로 떨어지는 외관과는 상반되게 개구부와 그에 맞닿은 벽과 공간에 곡선이 인상적이다.

김 초기에는 영속성이 있다고 생각해 고색창연한 재료를 찾았고 벽돌을 선택했다. 재료를 고르니 자연스럽게 공간에 곡선이 생겼다. 벽돌은 콘크리트 인방으로 개구부를 만들거나 매다는 방식도 있지만, 아치가 가장 잘 어울리는 시공법이다. 사실 현대건축에서는 오랫동안 아치를 사용하지 않았다. 예나 지금이나 익숙하지 않은 형태를 차용하는 데 거부감이 있어서다. 하지만 우리나라가 전통적으로 목조 중심의 건축이었기 때문에 많이 쓰지 않았을 뿐, 동서양과 시대를 막론하고 조적에서는 아치를 썼다. 재료에 따라 사용법을 결정하니 개구부의 형태가 잡혔고, 실내로 끌어들이면서 콘크리트 구조도 곡선을 띠게 됐다.

감 아치창을 포함해 천창, 계단실의 벽에도 다양한 곳에 창을 두었다. 창을 배치할 때는 어떤 것을 고려하나?

김 상황에 따라 다르다. 이 작업은 먼저 대지의 조건을 따졌다. 건축주는 기존의 집처럼 남측은 최대한 정원으로 쓰고, 도로에는 최대한 붙이기를 바랐다. 그래서 도로에 면한 북쪽은 사생활을 보호하기 위해 개구부를 적게 두고, 대신 정원에 면한 남측을 열었다. 그리고 각 실의 채광과 환기를 고려했다. 건물의 대칭축인 계단실은 천창을 두어 건물의 가운데를 밝혔고 환기가 필요한 주방과 채광이 중요한 온실에 개구부를 냈다. 계획 단계에서 위치를 정하고 몇 가지 시뮬레이션을 통해 기류가 정체되는 곳에 창을 추가했다.

감 어떤 시뮬레이션을 했나?

김 환기와 일사에 관한 것으로, 가상의 기체 분자를 공간에 퍼뜨려 내부 환기가 어떻게 되는지 파악하는 CFD Computational Fluid Dinamics 시뮬레이션을 했다. 시뮬레이션 결과, 외기에 면한 1층의 창에서 유입된 공기가 다시 같은 층으로 빠져나가면서 중심부에 공기가 정체되는 현상이 예상되었다. 사이트가 사계절 동안 주로 북풍이 불어 천창의 열린 방향이 바람에 맞서면서 공기가 흐르지 못한 것이다. 이에 천창의 개폐방향을 정반대 남쪽으로 수정하고 전동으로 제어할 수 있도록 했다. 위치를 조정한 후 다시 시뮬레이션을 하니 상하 기류의 유동이 활발하고 속도도 향상되어 자연환기 효과가 높은 것으로 예측되었다. 또 에코텍으로 채광을 확인해 개구부의 크기를 바꾸거나 구조체를 수정하기도 했다. 응접실 상부에 있는 창은 수평으로 길게 내어 발코니 바닥에서 반사된 간접광을 실내 깊숙이 끌어들일 수 있다. 1층과 천창의 직접광에 간접광을 더하여 빛환경을 풍부하게 하고 실내조도를 일정하게 유지하는 역할을 한다. 1층 거실의 남측 창들은 벽체를 깊게 만들어 여름 태양의 과한 일사를 차단하고 겨울에는 태양을 깊숙이 유입할 수 있다.

응접실 상부의 고측창을 수평으로 길게 내어 발코니 바닥에서 반사된 간접광을 실내 깊숙이 끌어들인다.
이는 실내조도를 일정하게 유지하고 빛환경을 풍부하게 한다.

단열을 위해 간격을 두었던 콘크리트와 벽돌 틈에 창틀을 끼워 프레임이 좀 더 얇게 보인다.

감 주거를 계획할 때 채광과 환기에 관한 시뮬레이션은 필수적인가?
김 주택은 프로젝트의 기간이 짧고 예산이 적어 보통 힘들다. 청운동 주택은 건축주가 은퇴한 후 사는 곳이기에 설비에 의존하기보다 건축물이 자연적으로 공간을 쾌적하게 유지하도록 했다. 하지만 단일 건물이었고 남측을 뺀 나머지 면은 창이 많지 않아 중심부가 어두울 수 있었다. 결국 확신이 들지 않아 환기와 일사에 대한 시뮬레이션을 했다. 결과적으로는 열효율이 높으면서 채광도 잘되도록 설계했다. 유난히 추웠던 지난 겨울, 100평에 가까운 실면적에 난방비가 13~14만 원 정도 나왔다고 들었다. 디자인만 추구해서도 안되고 환경분석에 디자인을 무조건 맞춰서도 안된다.

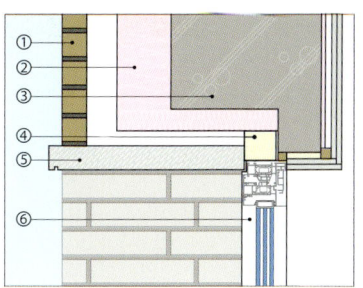

주방 시스템창 단면상세도
① 지정 고벽돌 ② 비드법보온판 ③ 콘크리트
④ 연질우레탄폼 ⑤ 55㎜ 석재 인방
⑥ 삼중복층 로이유리

감 일사를 위해 벽 두께에 차이를 준 덕분에 외곽의 창들이 더 얇아 보인다.
김 대부분 성능은 좋으면서 프레임이 얇아 시야를 방해하지 않는 창들을 찾는다. 하지만 아직 국내 제품은 얇으면 하자가 많고, 성능이 좋으면 두꺼워 조망을 방해한다. 이마저도 주택용으로 제작된 아치형 단열 프레임이 없었다. 결국 기밀성에 대한 몇 차례의 실험을 한 후 이건창호의 원목창호를 선택했다. 성능 때문에 프레임이 두껍긴 하지만 과열될까봐 여유를 두었던 콘크리트와 벽돌 틈에 끼워 좀 더 얇아 보이도록 했다.

감 창틀뿐 아니라 유리를 제작하는 과정에도 어려움이 있었을 것 같다.
김 청운동 주택의 모든 창은 삼중복층 로이유리다. 복층유리는 원판을 고정하면서 공기층을 건조하게 유지하기 위해 간격재를 쓰는데 이 역시 완벽히 곡선으로 처리할 수 있는 기술이 없다. 시공사 측에서는 간격재 대신 테이핑을 추천했지만 테이핑은 기밀성이 떨어진다. 결국 창틀과 마찬가지로 몇 차례 실험을 한 후에야 사용할 수 있었다.

감 창은 특히나 단열을 신경 써야 한다. 계획이나 시공과정에서의 노하우가 있다면?
김 창틀을 고정할 때 신경을 많이 쓴다. 평탄한 콘크리트에 창호를 붙이는 일반적인 시공법은 구조체에서 열이 새고 겨울철 실내의 온도가 낮아져 결로가 발생할 위험도 있다. 청운동 주택은 모든 부분의 콘크리트를 ㄱ자로 꺾이도록 타설하고 단열재를 빈틈없이 붙여 외기를 차단했다. 건축가와 시공사 모두 꼼꼼히 살피고 신경 써야 하지만 효과는 확실하다.

감 주거에서 창을 낼 때 고려하는 것이 있다면?
김 반드시 고려하거나 지키는 원칙은 없다. 다만 조형성을 위한 개구부는 피하려고 한다. 건축은 이미지로 소비되기 때문에 외형적인 부분을 무시할 수 없다. 간혹 그런 이유로 필요한 곳에 창을 내지 않는 경우도 있다. 하지만 집은 생활공간이다. 그래서 더더욱 자연채광이 중요하다. 아무리 전기로 빛 환경을 조절할 수 있다지만 자연채광이 주는 힘이 있다. 루이스 칸 역시 여러 강연을 통해 자연채광의 중요성을 말한다. 그래서 창을 낼 때는 기능적인 면을 우선시하고, 외부의 조형성은 마지막으로 본다.

청운동 주택	
설계	김현대(이화여자대학교) + Tectonics Lab
위치	서울시 종로구 청운동
대지면적	553.85㎡
연면적	313.11㎡
규모	지상 3층
구조	철근콘크리트
주요 마감	고벽돌, 사비석, 노출콘크리트 원목마루, 석고보드 위 도장
완공	2017년 8월
사진	신경섭

사용한 유리	
	알루미늄(+목재) 시스템 창호
규격	VAR
제조사	이건창호

Usage 3

Glass as the Partition

파티션으로서의 유리 글 정신오

눈에서 멀어지면 마음도 멀어진다고 했던가. 짧은 눈맞춤 한 번으로 생길 수 있는 대화가 두터운 벽과 문에 가로막혀 단절되지는 않았는지. 파티션의 역할을 통해 개인적인 공간을 구분하면서 소통을 도와주는 유리의 기능을 살펴보자.

Transparent Border to Expand Space
공간을 확장하는 투명한 경계선

글 정신오

유리 파티션은 콘크리트나 다른 재료로 만든 벽과 달리 공간을 투영해 실내의 개방감을 높이면서 실을 구획할 수 있다. 공간의 활용 빈도나 실의 구조, 용도에 따라서 유리 파티션을 어떻게 적용하는지 알아보자.

고려 요소—내구성, 투명도, 디자인

유리 파티션은 공간을 구분하되 시각적으로는 열리도록 해 특히 좁은 곳에서 공간을 구획할 때 효과적이다. 두터운 콘크리트 벽만큼은 아니지만, 소음을 차단해 프라이버시가 필요한 회의실이나 공간을 넓어 보이게 하고자 하는 카페에 적합하다. 최근에는 주거 공간에서도 종종 활용하는데, 현관과 거실 사이의 문이나 주방과 거실을 확장한 오픈 키친을 계획할 때 많이 쓰인다.

용도별 사용방법

❶ **업무 공간** 회의실이나 휴게실처럼 항상 이용하지 않지만, 불규칙적으로 시선 차단이 필요한 공간에 적합하다. 고정된 자리가 없는 공유오피스에서는 원하는 자리를 쉽게 발견할 수 있도록 사무 공간을 구획하기도 한다.
　업무 공간에서는 대개 층고와 동일한 높이로 유리를 제작해 사용하며, 필요에 따라 필름을 붙이거나 커튼을 내리는 방법으로 개방감을 조절한다. 최근에는 특별한 필름이나 커튼 없이 간단한 스위치 조작만으로 밝기를 조절하는 투명도 가변유리를 많이 쓴다 (p.25 참고). 프레임은 공간과 유사한 색으로 선택하거나 이음새를 최소화해 시각적으로 방해되는 요소를 줄이는 것이 좋다.

주방과 거실이 연결된 LDK Livnig, Dining, Kitchen 구조에서는 파티션을 이용해 용도를 구분한다.

❷ **주거 공간** 개인을 위한 공간보다 주방이나 거실처럼 가족들이 모일 수 있는 장소에 주로 사용한다. 분위기에 따라 철재, 목재 등 소재를 선택할 수 있으며 모양도 격자나 다각형 등으로 다양하다. 창틀을 넣는 것이 부담스럽다면 조리대 위로 유리를 고정해 깔끔하게 마무리할 수 있다. 이때는 무늬가 새겨진 베벨드글라스Get05를 이용해 개성을 줄 수 있다.
　아이의 놀이방에도 유리 파티션을 추천한다. 아이가 노는 모습이 한눈에 보이고, 벽지나 콘크리트 벽에 낙서하는 것보다 지우기 간편해 오염될 걱정을 덜 수 있다. 또 고정식보다는 슬라이딩도어를 이용해 공간을 열고 닫는 것이 가변적으로 사용할 수 있어 좋다.
　욕실의 샤워부스, 계단처럼 사용 빈도가 적은 공간에도 유리 파티션을 사용한다. 샤워부스는 물로 간단하게 청소할 수 있어 특별한 관리가 필요하지 않다고 생각하기 쉽지만 샴푸나 물에 있는 칼슘이 유리에 침착되면 잘 지워지지 않기 때문에 정기적으로 마른 수건으로 닦아내야 한다. 계단에 사용하는 유리는 공간을 구획하는 동시에 난간으로 쓰인다. 투명한 판유리도 좋지만 유리블록Get06을 쌓아 벽을 세우면 공간에 개성을 주면서 실루엣을 통해 사람의 움직임을 볼 수 있다.

Interview 3

아이들의 모습을
어디서나 볼 수 있는 집

인터뷰 정신오

집이라고 하면 가족들이 거실 테이블에 모여 도란도란 하루의 일을 얘기하는 모습이 떠오른다. 하지만 단단한 벽, 굳게 닫힌 문, TV를 향한 소파 배치까지. 일반적인 집의 인테리어는 소통을 권장하기보다는 단절을 유발하는 듯하다. 창과 유리벽을 이용해 다같이 모여 앉아 이야기를 나누고 싶은 트리플 더블 하우스를 살펴보자.

안철민
9cm 대표

경희대학교 건축학과를 졸업한 후 더시스템랩에서 실무 경험을 쌓았다. 현재는 9cm의 대표로 건축과 인테리어에서 다양한 시도를 보여주며, 새로운 주거 방식을 제안한다. 건국대학교 건축학과에 출강하고 있으며 그밖에도 팟캐스트 '예술 핥기'를 기획, 제작하며 문화와 관련된 여러 활동을 하고 있다.

전실로 계획한 1층 뒤에는 녹지가 있어 마당으로 사용할 수 있다. 건축가 안철민은 프레임을
더 얇은 제품으로 교체해 자연을 온전히 즐길 수 있도록 했다.

지하층은 집안의 크고작은 행사가 이루어지는 사적인 거실이다.
한컨에 자리한 선큰 공간은 바비큐를 해 먹거나 파티를 하는 작은 마당으로 쓴다.

트리플 더블 하우스는 층마다 다른 리조트를 방문한 듯 색다른 분위기다.

감씨(감) 트리플 더블 하우스는 최근 아파트에서 쉽게 보이는 거실 중심형과 달리 1층에서 3층까지 곳곳에 온 가족이 함께할 수 있는 공간을 마련했다.

안철민(안) 건축주는 집을 새로 짓지는 않지만, 아파트식 주거보다는 주택처럼 자연에서 뛰어놀 수 있기를 바랐다. 건축가 리켄 야마모토Riken Yamamoto가 설계한 판교의 월든 힐스 단지는 이러한 요구 사항에 더없이 알맞은 건축물이었다. 근래 집합주거는 대다수가 개인화되어 있는데, 이런 현상을 똑같이 겪은 일본에서는 카페, 취미실과 같이 작은 공유 공간인 '시키(しきい)'를 두어 공동체가 함께할 수 있는 자리를 마련했다. 월든 힐스의 3층으로 이루어진 주거 유닛은 주 출입구와 연결된 1층을 시키처럼 이용해 아이들이 뛰어놀고 주민들이 자연스럽게 소통할 수 있도록 계획되었다. 우리는 원설계자가 의도한 공간의 콘셉트와 각 층에 주어진 환경을 건축주가 최대한 활용할 수 있도록 디자인했다.

감 각 층마다 공간의 테마가 있는 듯하다.

안 사면이 유리로 된 1층은 신발장을 파티션처럼 이용해 최소한의 프라이버시를 보호하면서 손님을 맞을 수 있는 전실로 계획했다. 1층의 또다른 매력은 뒷면에 녹지가 있다는 점인데, 마당으로 사용하며 자연을 온전히 즐길 수 있도록 얇은 프레임으로 교체했다. TV도 없으니 차를 마시고 명상 공간으로도 안성맞춤이다. 거실 겸 주방은 지하에 있다. 아래 층에서는 집안의 크고 작은 행사가 이루어진다. 한 켠에 자리한 선큰 공간은 바비큐를 해 먹거나 파티를 하는 개인적인 마당으로 쓴다. 주방과 가까이 있으니 연동해 사용하기도 수월하다.

2층은 온전히 아이와 부모를 위한 공간이다. 당시 아이들이 갓 걷기 시작할 무렵이었는데 건축주는 그 모습을 지켜볼 수 있기를 원했다. 그래서 층고가 5m가량 되는 공간을 복층으로 나누고 아이의 침실과 놀이방, 부부방을 유리로 구분해 시각적으로 개방되도록 했다. 아이들은 큰 해먹을 이용하거나 단마다 폭과 너비에 변화를 준 계단을 뛰어다니며 집에서 놀 수 있다.

감 유리는 카페나 공유오피스, 회의실의 인테리어에서 많이 쓰이는데, 주택에서 유리벽은 조금 낯설다.

안 사람은 예상외로 새로운 환경에 쉽게 적응한다. 우리는 건축주가 가진 생각이나 잠재성을 끄집어내어 새로운 형태, 주거 방식을 만들어보고자 여러 방향으로 실험하고 시도한다.

섬세하게 다룰 수 있다면 공간을 마음껏 개방하고 확장하는 것이 가능한 재료가 바로 유리다. 복합적인 공간 구조에서 유리를 이용하면 역동성을 더하고 빛을 깊숙이 유입할 수 있다. 건축주는 층마다 다른 리조트를 방문한 듯 색다른 분위기를 가지면서 아이들이 마당에서 노는 것처럼 자유롭게 활동하기를 바랐다. 이에 집합주택이면서도 새로운 공간을 만들고자 고민했고 자연스럽게 유리를 떠올리게 됐다. 유리는 시각적으로 개방돼 있어 소통하기에도 훨씬 편하다. 수성 마커를 이용하면 아이들이 벽에 그림을 그려도 쉽게 닦아낼 수 있으니 유지관리도 쉽다.

Usage of Glass

아이들은 큰 해먹을 이용하거나 폭과 너비에 변화를 준 계단을 넘나들며 놀이터처럼 집 안에서도 활동적으로 뛰어놀 수 있다.

2층은 온전히 아이와 부모를 위한 곳으로 층고가 5m가량 되는 공간을 복층으로 나누고 아이의 침실과
놀이방, 부부방을 유리로 구분해 시각적으로 개방되도록 했다.

감 유리벽을 사용했을 때 아이가 성장한 후 프라이버시나 소음과 같은 문제는
어떻게 해결할 수 있나?

안 아이가 자라면서 입었던 옷이 작아지듯 공간도 평생의 행태를 감당하도록
계획하는 데에는 무리가 있다. 때문에 건축주가 살면서 필요한 부분에 대응할
수 있도록 시스템을 만들어주는 것이 중요하다. 당시 건축주는 유년기의 자녀와
충분히 소통하기를 바래 유리벽을 이용해 계획했다. 대신 부모의 개인적인 공간을
지하층에 두고 시각적인 프라이버시는 루버와 블라인드로 가리도록 했다. 하지만
차단된 공간을 원한다면 불필요한 부분은 떼서 벽을 세우는 것도 가능하다.

감 내부뿐 아니라 선큰, 중정 곳곳에 창이 많다. 공간에 유리를 사용하면서 어떤
것들을 고려했나?

안 건축에서는 공간이 어떻게 연계되는지가 중요하다. 공간을 직접적으로 연결할
수 있다면 좋겠지만 구획이 필요하다면 시각적으로 소통할 수 있도록 하는 것이
좋은데, 유리는 이를 가능하게 하는 재료다.
유리를 사용할 때는 기능적인 부분을 고려해야 한다. 안전성은 물론 외기와
면한다면 단열성도 갖춰야 한다. 어찌 보면 유리는 피임기구와 닮았다. 남녀가
관계를 맺을 때 밀착도를 위해 두께를 얇게 하려 한다. 하지만 동시에 안정성을
담보해야 한다. 유리도 비슷하다. 얇고 투명하게 만들수록 파손되거나 외부
환경에 취약해질 수 있다.
창을 만드는 프레임 역시 마찬가지이다. 안전성이나 에너지를 위해 설계는
복잡해지고 프레임에 많은 요소가 더해져 두꺼워진다. 하지만 소비자들은 이에
대한 불만이 없다. 있더라도 비용이 많이 들다 보니 마음먹기도 쉽지 않다. 얇은
프레임에 대한 수요가 점점 더 커져야 생산 업체에서도 이에 대한 연구를 하고
가격이 낮아진다. 앞으로 단열 기준이 까다로워지겠지만 미관에 대한 관심이
지속적으로 필요하다.

트리플 더블 하우스	
설계	9cm _ architecture
위치	경기도 성남시 분당구 운중동
연면적	231.40m
규모	지상 2층, 지하 1층
구조	철근콘크리트
주요 마감	유리, 페인트, 우드플로링
완공	2016년 5월
사진	송유섭

사용한 유리
강화유리

사용한 프레임
제조사   릴로브

Usage of Glass

Usage 4

Glass
in Your Day

공간과 생활 속 유리 글 정신오

당신이 생활하는 공간은 콘크리트와 철, 나무, 플라스틱, 페인트 등 무수한 재료로 이루어진다. 그중 유리는 하루 동안 항상 함께하는 재료다. 여러 양상으로 당신의 주변을 맴도는 재료, 유리에 대해 알아보자

Glass in Daily Life
일상의 유리 들여다보기

글 정신오

식사를 하거나 차를 마실 때 쓰는 그릇과 컵, 옷 매무새를 가다듬도록 도와주는 거울, 공간을 밝히는 조명까지. 공간 곳곳에 유리가 쓰인다. 건축용과 달리 대부분이 한 겹으로 되어 있고 만드는 과정, 고려하는 요소도 조금씩 다르다.

여러 모습으로 우리의 주변을 맴도는 유리는 건축용 제품처럼 외부 환경에 항상 노출되지 않아도 자주 사용하는 만큼 깨지지 않도록 내구성을 갖추는 것이 필수다. 또 쓰이는 환경과 용도에 따라 여러 가지를 고려해야 한다. 차량용 유리는 표면처리가 잘못되면 운전자의 시야를 방해해 사고로 직결될 수 있기 때문에 왜곡이나 투명도 면에서 더 까다로운 기준을 적용해 생산한다. 또 매일 극한의 온도에서 음식을 담는 그릇은 열변화를 견딜 수 있어야 한다. 이처럼 쓰임새에 따라 고려해야 할 항목이 다르다. 주변의 유리 제품은 어떤 것들을 고려해 만들어지는지 알아보자.

❶ 식기 고려 요소—내열성

우리가 생활에서 사용하는 유리라고 했을 때 가장 먼저 떠오르는 것, 바로 식기이다. 최근 무게와 편의성을 이유로 플라스틱을 사용하거나 친환경 트렌드에 맞춰 도자기를 쓰기도 하지만 유리는 오랫동안 쓰여왔다. 유리 그릇은 냉장고에 넣거나 전자레인지, 오븐에 데우는 등 온도가 급격하게 변하는 환경에서 사용된다. 때문에 온도 변화에 버틸 수 있도록 내열성을 갖춰야 하며 주로 일반 유리, 강화유리, 내열유리 세 종류로 만든다. 일반 유리는 충격과 온도 변화에 약해 찬물과 뜨거운 물을 번갈아 담으면 깨질 수 있다. 실온에서 음식물을 담는 정도로 사용하는 것이 좋다. 열처리를 해 강도를 높인 강화유리Gte는 일반 유리그릇에 비해 강도가 3~5배 정도 크지만 역시 열변화에 약하다. 냉장고에서 바로 꺼내서 전자레인지를 돌리면 깨질 수 있으니 주의하자. 식기로 사용하기에는 내열유리가 가장 적합하다. 내열유리는 열팽창이 적고 온도 변화에 강해 오븐, 전자레인지에 사용해도 괜찮다. 하지만 세 유리 중 가장 고가이고 강도가 낮아 충격을 주면 쉽게 파손된다. 유리그릇은 오래 사용해도 변형되지는 않지만 자주 사용하지 않으면 먼지가 뭉쳐서 얼룩이 생길 수 있다. 때문에 자주 쓰지 않는 그릇은 먼지가 쌓이지 않도록 종이로 포장하고 사용하기 전 식초로 닦아 주자.

유리 그릇은 급격하게 변하는 환경에서 사용되므로 온도변화에 버틸 수 있도록 내열성을 갖춰야 한다.

❷ 가전제품 고려 요소—내구성, 탄력성, 무게

매일 보는 스마트폰과 노트북에 쓰이는 유리는 쉽게 깨지지 않도록 내구성이 좋으면서 휴대하기 간편하도록 가벼워야 한다. 때문에 건축용으로 쓰이는 강화유리를 이온 치환 방식으로 개량해 사용한다. 유리의 성분 중 하나인 나트륨 대신 칼륨을 채우면 칼륨은 나트륨보다 분자가 크기 때문에 적은 양으로 강도를 높일 수 있다. 이온 치환한 유리는

Usage of Glass

유리 가구는 고온에서 열을 가하면 휘어지는 유리의 성질을 이용해 형태를 자유자재로 만들 수 있다.
공간의 분위기에 따라 표면을 처리하거나 필름을 이용해 색을 내는 것도 가능하다.

차량용 유리는 사고가 나지 않도록 유리의 왜곡과 투명도를 확보하는 것은 물론, 사고가 나더라도 사용자가 다치는 것을 최소화해야 한다.

전도성 물질을 화학적으로 부식하는 에칭etching 작업을 통해 미세한 회로를 만들어 반응하게 된다.

대표적으로 코닝Coning사의 고릴라 글래스Gorilla glass가 있는데, 유리의 투명성을 유지하면서 플라스틱처럼 가벼운 것이 특징이다. 2007년 애플apple사에서 처음 사용하기 시작해 현재 삼성과 LG의 스마트폰, 노트북에도 쓰이고 있다.

❸ 가구 고려 요소—내구성, 디자인, 유지관리

유리 가구라고 하면 깨지지는 않을까 하는 걱정부터 앞선다. 하지만 가구를 만들 때 사용하는 유리는 건물이나 차에도 쓰이는 강화유리로, 적절한 강도와 내구성을 지녀 목재나 석재 등 타재료의 표면을 보호하는 용도로 쓰인다. 고온에서 열을 가하면 휘어지는 성질을 통해 자유로운 형태를 만들 수 있으니 완제품의 가구도 가능하다.

테이블의 경우 식탁 면을 불투명하게 처리해 식사할 때 시야가 방해되지 않도록 하기도 한다. 또 필름을 이용하면 형형색색의 제품을 만들 수 있다. 글라스이탈리아Glass Italia에서는 색필름을 접합한 가구를 출시하기도 했다. 이 제품은 빛에 따라 다른 색을 내니 톤인톤tone-in-tone으로 파스텔색으로 마감한 공간에 어울린다. 공간의 분위기에 따라 표면을 처리하거나 불투명하게 만든 베벨드글라스Gte05를 사용하기도 한다.

유리 가구 자체로 오브제적인 느낌을 주지만 지저분해 보이는 것도 한순간이다. 꾸준히 관리하지 않아 음식물이나 먼지가 뭉쳐서 굳어지는 일이 반복되면 세제로도 지워지지 않는 얼룩이 생길 수 있다. 유리 위에 물건을 놓을 때는 코스터나 받침을 활용하고 얼룩이 생기면 즉시 젖은 천이나 물티슈로 닦거나 유리 전용 세제를 이용해 정기적으로 관리하자.

❹ 차량용 고려 요소—안전성, 왜곡

차량용 유리는 안전이 가장 중요하다. 사고가 나지 않도록 유리의 왜곡과 투명도를 확보하는 것은 물론, 사고가 나더라도 사용자가 다치는 것을 최소화해야 한다. 따라서 위치에 따라 다른 유리를 사용해 운전자와 탑승자를 보호한다. 전면 유리는 사고가 났을 때 운전자의 안전과 직결된다. 파편이 떨어지거나 흩어지지 않도록 필름을 적층한 접합유리Gla를 이용한다. 측면과 후면, 선루프에는 파손되어도 작은 조각으로 깨져 탑승자가 다치지 않고 빠져나올 수 있도록 열처리한 강화유리를 사용한다.

차의 유리에 점처럼 프린팅된 검은색 프릿frit 역시 창을 고정하는 데 중요한 역할을 한다. 유리를 차체에 고정하는 접착제가 직사광선에 오랜 시간 노출되면 떨어질 수 있는데 검은색의 프린팅은 빛을 흡수해 접착제가 떨어지지 않도록 한다.

차량용 유리는 위치에 따라 다른 유리를 사용해 사고가 났을 때 운전자와 탑승자를 보호하도록 한다.

Usage of Glass

Interview 4

유리 가구의 청량함에 빠지다
라이프스타일 편집숍 보에

인터뷰 정신오

목재와 철재는 가구를 제작하는 데 자주 사용하는 반면 유리는 컵이나 꽃병 같은 작은 소품에 주로 쓰인다. 유리가 내구성이 약할 거라는 우려 때문이다. 글라스 이탈리아는 유리에 결을 만들고 다채롭게 색을 내 테이블과 의자를 만든다. 국내에서 글라스 이탈리아의 제품을 정식 수입하는 라이프스타일 편집숍 보에를 만나 유리 가구의 매력에 대해 들어보았다.

감씨(감) 유리로 만든 소품은 익숙하지만, 테이블, 선반과 같은 가구는 색다르다. 글라스 이탈리아GLAS Italia가 유리에 주목하게 된 이유는 무엇인가?

보에(보) 글라스 이탈리아는 100년 동안 유리를 만들어왔다. 호텔이나 병원 등 건축물에 쓰이는 유리를 생산하기도 하고 옷장에 들어가는 거울처럼 다른 가구회사에 제품을 납품하기도 한다. 그들에게 유리는 어떤 소재보다 친숙한 재료이고, 대중에게 활용도 높은 재료라는 것을 알리고자 여러 디자이너와 협업하며 다양한 가구를 선보인다.

감 100년간 쌓아온 노하우나 기술이 있다면?

보 다른 재료와 마찬가지로 유리산업도 첨단기술이 발달하면서 사람의 손으로 작업했던 공정이 기계로 대체되고 있다. 그러나 글라스 이탈리아는 전통적인 테크닉을 유지하면서 첨단기술을 접목하는 방식을 고집한다. 특히나 가구는 구조체 일부를 45°로 접합하는 작업처럼 반드시 사람의 손을 거쳐야 하는 과정들이 있는데, 이러한 노하우는 100년동안 축적된 경험에서 비롯된다.

감 유리로 가구를 만들었다고 하면 깨지지는 않을까 하는 걱정이 든다.
보 많은 사람이 유리 가구의 안전에 대한 편견이 있다. 그러나 물을 마시면서 유리컵이 깨질까 불안해하거나 창이 파손될까 걱정하지는 않는다. 가구도 마찬가지다. 글라스 이탈리아의 유리는 항공기에 쓰일 만큼 내구성이 뛰어나다. 색이나 곡선과 같은 처리를 통해 가볍고 연약한 느낌을 주지만 소재 자체는 초강화유리Transparent Extralight Glass로 단단하다. 지금까지 고객이 사용하며 파손을 일으킨 적은 거의 없다.

감 사람들이 주로 찾는 제품은 무엇인가?
보 스페인의 산업 디자이너, 파트리샤 우르퀴올라Patricia Urquioladhk와 협업한 쉬머 시리즈Shimmer Series, 이탈리아 출신의 아트디렉터 피에로 리소니Piero Lissoni와 협업한 포스트모던 시리즈Post Modern Series가 꾸준히 인기다. 쉬머 시리즈는 투명한 유리 사이에 특수한 필름지를 접합해 빛에 따라 다양한 색을 반사한다. 대리석 문양의 리퀴파이 시리즈Liquify Series역시 패턴이 섞인 필름지를 접합해 제작한다. 같은 과정으로 만들어도 무늬나 색에 차이를 두어 전혀 다른 느낌의 가구를 만들 수 있다.
피에로 리소니가 디자인한 포스트모던 시리즈는 하중을 담당하는 유리의 표면을 입체감 있게 디자인해 단조롭지 않으면서 가벼워 보인다.

감 유리 가구가 어울리는 공간이 있다면?
보 고객들은 가구의 역할을 하면서 오브제가 돼 공간을 빛나게 한다고

(위쪽부터) 스페인 산업디자이너 파트리샤 우르퀴올라와 협업한 쉬머 시리즈와 피에로 리소니가 디자인한 포스트모던 시리즈.

평가한다. 유리 본래의 투명함은 청량감 있는 느낌을 주고, 필름을 통해 결이나 색을 낸 제품은 빛의 각도에 따라 모습이 달라져 또다른 분위기를 낸다. 모던한 상업 공간, 예술 작품이 가득한 갤러리, 카페 등 자체만으로 공간을 빛나게 할 수 있다.

Usage of Glass

4

Supplement

공간을 한층 빛내 줄 이색 유리

유리는 특유의 투명함 외에도 다양한 질감이나 색으로 단조로운 공간에 개성을 줄 수 있다. 유리에 색을 입혀 한 폭의 그림을 만드는 스테인드글라스Get04는 업체 대부분에서 디자인은 물론, 제작과 시공도 함께 하니 한 곳에서 모든 작업을 해결할 수 있다. 최근 빈티지한 분위기의 카페와 레스토랑에서는 물결이나 나뭇잎의 패턴으로 입체감을 준 베벨드글라스Get05가 다시금 주목받고 있다. 빛을 산란시키는 유리블록Get06은 단열 문제로 외부에는 잘 안 쓰이지만 실내에서는 공간을 구획하고 시선을 차단하는 용도로 사용된다.

스테인드글라스

글라시아 www.gracia.kr
취급 제품	스테인드글라스, 모자이크용 조각유리
제공 서비스	시공 가능, 기타 유리소품 판매
주문제작 기간	50m²미만 - 2개월 / 100m²이상 - 3개월
주소	경기도 부천시 조마루로 366번길 28 2층
연락처	☎ 032-662-1321
	✉ gracia3388@naver.com

무성산업 www.msglass.co.kr
취급 제품	스테인드글라스, 베벨드글라스, 에칭글라스
제공 서비스	시공 가능
주문제작 기간	50m²미만 - 2주 / 100m²이상 - 1개월
주소	서울시 영등포구 영등포로13길 14
연락처	☎ 02-2671-6822~4
	✉ moosung2@naver.com

세인트로드코퍼레이션 www.saintroad.co.kr
취급 제품	스테인드글라스, 베벨드글라스, 기타 유리소품 판매
제공 서비스	시공 가능, 소규모 온라인구매, 공방수업
온라인구매	www.levereart.co.kr
주문제작기간	50m²미만 - 1개월 / 100m²이상 - 2개월
주소	경기도 고양시 일산동구 장대길 75-28
연락처	☎ 031-908-9251 ✉ stroad@naver.com

진영글라스 www.jyglass.co.kr
취급 제품	스테인드글라스, 베벨드글라스, 에칭글라스
제공 서비스	유리 내장 블라인드 설치, 공방수업
주문제작 기간	50m²미만 - 3주 / 100m²이상 - 1개월
주소	서울시 영등포구 영등포로13길 13 1층
연락처	☎ 010-8024-9270

베벨드글라스

글라스코 www.glasco.co.kr
취급 제품	베벨드글라스
최대 규격	1,200×2,400mm
제공 서비스	샘플 제공, 시공사 추천
주소	서울시 강남구 학동로 216 1층
연락처	☎ 031-985-6044

동신글라스텍 www.interiorglass.co.kr
취급 제품	베벨드글라스, 색유리, 망입유리, 거울
최대 규격	1,800×2,400mm
제공 서비스	샘플 제공, 가격정보 홈페이지 참고
온라인 구매	yicw0624.cafe25.com
주소	경기도 시흥시 청룡저수지길 432-1
연락처	☎ 031-313-2255

신신유리 www.shinshinglass.co.kr
취급 제품	베벨드글라스, 색유리, 망입유리, 로이유리
최대 규격	1,800×2,400mm
최소 수량	원판 구매시 1박스(20매)
제공 서비스	매장 방문시 샘플 제공
주소	서울시 금천구 독산동 시흥대로153길 10
연락처	☎ 02-836-3000

아름유리 www.glassdio.com
취급 제품	베벨드글라스, 색유리
최대 규격	3,000×3,000mm
최소 수량	원판 구매시 100장
제공 서비스	샘플 제공, 시공 가능
주소	경기도 포천시 화현면 화동로 271-65
연락처	☎ 031-534-5408

㈜하나인터네셔널 www.hanaglass.co.kr
취급 제품	베벨드글라스, 코팅유리, 거울
최대 규격	1,800×2,400mm
최소 수량	원판 구매시 1박스(40매)
주소	인천광역시 동구 방촌로 83번길 23
연락처	☎ 032-588-2711~2

유리블록

동진유리블럭 www.djblock.co.kr
취급 제품	투명유리블록, 색유리블록, 코너유리블록
제공 서비스	샘플 제공(145×145, 190×190 한정), 시공 가능
주소	서울시 중구 황학동 2515
연락처	☎ 02-2238-6997

대일건업 www.daeilgb.com
취급 제품	투명유리블록, 색유리블록
제공 서비스	시공 가능
주소	인천광역시 계양구 경명대로 1115
연락처	☎ 02-825-3866

쎄베스 코리아 www.sgbkorea.com
취급 제품	투명유리블록, 방탄 유리블록, 에너지절약 유리블록
주소	서울시 강남구 테헤란로 82길 15
연락처	☎ 070-8881-0707

유리블럭미도 www.glassmd.co.kr
취급 제품	투명유리블록, 색유리블록, 코너유리블록
제공 서비스	샘플 제공(145×145mm, 190×190mm 한정), 시공 가능
주소	대전광역시 대덕구 대덕대로1470번길 27 상록수상가 후문 B0108호
연락처	☎ 042-933-0459

현주건업 hjglassblock.com
취급 제품	투명유리블록, 색유리블록, 코너유리블록
제공 서비스	샘플 제공(전규격), 시공 가능
주소	서울시 서초구 서운로 226
연락처	☎ 02-561-6234

유리 제조사에서 추천하는 대리점

생산된 판유리의 일부는 대리점으로 운반해 필요에 맞게 2차로 가공한다. 유리는 대부분 창호를 담당하는 업체에 의뢰하기 때문에 직접 연락하지는 않지만, 직접 가공을 하고 싶거나 인테리어용으로 특별히 제작을 원한다면 대리점에 문의하면 된다. 업체 선택이 막막할 소비자를 위해 국내에서 유리를 생산하는 한글라스, KCC에서 추천하는 우수 대리점을 소개한다. LG하우시스에서 운영하는 직영 전시장은 창호와 유리를 직접 눈으로 확인하고 선택할 수 있으니 함께 참고하자.

한글라스 추천 대리점 20

(주)국영지앤엠
www.kukyounggnm.com
- 가공 제품: 강화유리, 복층유리, 접합유리
- 주소: 서울시 서초구 서초중앙로 36 준영빌딩7층
- 연락처: ☎ 02-2015-0300

동일유리(주)
www.dig1940.co.kr
- 가공 제품: 복층유리
- 주소: 충청북도 청주시 흥덕구 직지대로409번길 65
- 연락처: ☎ 043-275-6162

대청유리산업 주식회사
daecheong.modoo.at
- 가공 제품: 강화유리, 복층유리
- 주소: 대전광역시 대덕구 신탄진로318번안길 35
- 연락처: ☎ 042-624-1312

(주)에이치케이지앤텍
www.hkgntec.com
- 가공 제품: 강화유리, 복층유리, 로이유리
- 주소: 경기도 광주시 오포읍 문형동림길 17-4
- 연락처: ☎ 031-765-7814

용진유리판매(주)
www.yongjinglass.com
- 가공 제품: 강화유리, 복층유리, 접합유리, 인쇄유리
- 주소: 서울시 강북구 도봉로23가길 18
- 연락처: ☎ 02-988-1523

(주)티엔케이
www.t-k.co.kr
- 가공 제품: 강화유리
- 주소: 인천광역시 서구 백범로 711
- 연락처: ☎ 032-572-6233

(주)한테크
www.hantech.biz
- 가공 제품: 강화유리, 접합유리, 복층유리
  유리문(샤워부스, 핸드레일, 인테리어유리)
- 주소: 충청남도 논산시 연산면 송정리 185-5
- 연락처: ☎ 041-735-7353

(자)한남유리
www.hannamglass.co.kr
- 가공 제품: 강화유리, 복층유리, 접합유리
- 주소: 광주광역시 북구 무등로153번길 21-8
- 연락처: ☎ 062-523-4561

(주)합동하이텍그라스
www.hdhglass.com
- 가공 제품: 강화유리, 복층유리, 접합유리, 창호
- 주소: 충청북도 음성군 금왕읍 일생로 242
- 연락처: ☎ 043-881-8870~3
  ✉ hapdong.order@gmail.com

경원유리공업주식회사
- 주소: 서울시 송파구 송파대로201 테라타워2 1001호
- 연락처: ☎ 02-403-3929

(주)달성유리
- 주소: 경상북도 경산시 압량면 신대길 67
- 연락처: ☎ 053-818-1160

(주)대산이앤지
- 주소: 경기도 고양시 일산동구 성석로 10
- 연락처: ☎ 031-975-6282

대성유리창호(주)
- 주소: 인천광역시 남동구 아암대로 1223 5층 511호
- 연락처: ☎ 032-818-4111

(주)동광복층
- 주소: 서울시 영등포구 선유동1로 46
- 연락처: ☎ 02-2671-1361

동서유리(주)
- 주소: 서울시 양천구 곰달래로6길 42
- 연락처: ☎ 02-2691-3300

(주)베스트글라스
- 주소: 충청북도 음성군 삼성면 대성로547번길 117-4
- 연락처: ☎ 043-878-2951

(주)봉성유리
- 주소: 대구광역시 북구 노원로 157
- 연락처: ☎ 053-341-0100

삼경안전유리(주)
- 주소: 충청북도 진천군 이월면 삼용길 57-12
- 연락처: ☎ 043-534-9200

(주)신광유리
- 주소: 경기도 화성시 마도면 마도로 181
- 연락처: ☎ 031-356-6156

(주)정암지앤더블유
- 주소: 경상남도 밀양시 부북면 춘화농공단지길 12-16
- 연락처: ☎ 055-353-1661

LG 직영 전시장 18

지인스퀘어
- 운영시간: 10:00 ~ 19:00 (월요일, 공휴일 휴관)
- 주소: 서울시 강남구 학동로 134
- 연락처: ☎ 02-6910-9200

Z:IN 목동점
- 운영시간: 10:00 ~ 19:00 (일요일, 공휴일 휴관)
- 주소: 서울시 양천구 목동동로 377 유니아나빌딩 2층
- 연락처: ☎ 02-2655-1150

Z:IN 성북점
- 운영시간: 10:00 ~ 19:00 (일요일, 공휴일 휴관)
- 주소: 서울시 성북구 동소문로 89 보미리즌빌 1층
- 연락처: ☎ 02-6713-2890

Z:IN 송파점
운영시간	10:00 ~ 19:00 (일요일, 공휴일 휴관)
주소	서울시 송파구 백제고분로 502
연락처	☎ 02-2138-6410

Z:IN 구리점
운영시간	10:00 ~ 19:00 (일요일, 공휴일 휴관)
주소	경기도 구리시 경춘로 286
연락처	☎ 031-523-7311

Z:IN 분당점
운영시간	10:00 ~ 19:00 (일요일, 공휴일 휴관)
주소	경기도 성남시 분당구 성남대로779번길 코너스톤빌딩 1층
연락처	☎ 031-697-0460

지인인테리어 홈플러스 분당오리점
운영시간	10:30 ~ 21:00
주소	경기도 성남시 분당구 탄천상로151번길 20 홈플러스 매장 B1
연락처	☎ 031-716-5639

Z:IN 수원점
운영시간	10:00 ~ 19:00 (일요일, 공휴일 휴관)
주소	경기도 수원시 영통구 중부대로447번길 9 성민프라자
연락처	☎ 031-8019-5230~1

Z:IN 일산점
운영시간	10:00 ~ 19:00 (일요일, 공휴일 휴관)
주소	경기도 고양시 일산서구 중앙로 1542
연락처	☎ 031-8073-8970

Z:IN 인천점
운영시간	10:30 ~ 19:00 (연중 무휴)
주소	인천광역시 연수구 청능대로 210 스퀘어원 3층
연락처	☎ 032-818-9601~4

Z:IN 대구점
운영시간	10:00 ~ 19:00 (일요일, 공휴일 휴관)
주소	대구광역시 동구 동부로22길
연락처	☎ 053-710-9260

Z:IN 광주점
운영시간	10:00 ~ 19:00 (일요일, 공휴일 휴관)
주소	광주광역시 서구 죽봉대로 66 1층
연락처	☎ 062-716-5340

Z:IN 대전점
운영시간	10:00 ~ 19:00 (일요일, 공휴일 휴관)
주소	대전광역시 서구 문정로 6, 국민연금공단 1층
연락처	☎ 042-710-8711

Z:IN 울산점
운영시간	10:00 ~ 19:00 (일요일, 공휴일 휴관)
주소	울산광역시 남구 삼산로 37, 이든바인하츠 2층
연락처	☎ 052-700-7022

Z:IN 부산해운대점
운영시간	10:00 ~ 19:00
주소	부산광역시 해운대구 해운대로 601 1층
연락처	☎ 051-714-1050

Z:IN 원주점
운영시간	10:00 ~ 19:00 (일요일, 공휴일 휴관)
주소	강원도 원주시 로아노크로 57
연락처	☎ 033-813-9405

Z:IN 천안점
운영시간	10:00 ~ 19:00 (일요일, 공휴일 휴관)
주소	충청남도 천안시 서북구 쌍용대로 71 제일빌딩 1층
연락처	☎ 041-414-5231

Z:IN 전주점
운영시간	10:00 ~ 19:00 (일요일, 공휴일 휴관)
주소	전라북도 전주시 완산구 세내로 257
연락처	☎ 063-714-2402

KCC 추천 대리점 10

동양유리공업(주) 🌐 www.dyglas.com
가공 제품	강화유리, 복층유리, 접합유리
주소	경기도 광주시 중앙로 354-12
연락처	☎ 031-762-9400

(주)중앙안전유리 🌐 www.jasg.co.kr
가공 제품	강화유리, 복층유리, 접합유리
주소	강동지점 경기도 하남시 감초로 206 본사 및 공장 충청북도 음성군 대소면 오태로 116번길 175-39
연락처	강동지점 ☎ 02-477-4801 본사 및 공장 ☎ 043-881-0480

(주)극동글라스텍
가공 제품	강화유리, 복층유리, 접합유리
주소	경상남도 김해시 분성로 568
연락처	☎ 055-323-9620(5) ✉ trade@kdglasstech.co.kr

금강유리공업
가공 제품	강화유리, 복층유리, 접합유리
주소	제주특별자치도 제주시 구산로 13
연락처	☎ 064-755-8842 ✉ kya0854@naver.com

금강유리(주)
가공 제품	강화유리, 복층유리
주소	사무실 경기도 성남시 중원구 사기막골로45번길 14 우림라이온스밸리 2차 B동 904호 공장 충청북도 음성군 금왕읍 유촌로232번길 90
연락처	사무실 ☎ 02-571-0647 공장 ☎ 043-878-0822 ✉ kgg0647@hanmail.net

(주)금강유리
가공 제품	복층유리
주소	전라북도 전주시 덕진구 기린대로 734
연락처	☎ 063-211-2700 ✉ kkhsglass@daum.net

(주)대진글라스
가공 제품	강화유리, 복층유리, 접합유리
주소	충청남도 천안시 동남구 성남면 신사운전길 45-15
연락처	☎ 041-568-3020

㈜아진글라스
가공 제품	강화유리, 복층유리, 접합유리
주소	경상남도 양산시 어곡공단7길 57
연락처	☎ 055-781-2227 ✉ ajin5179@naver.com

(주)영동복층유리
가공 제품	강화유리, 복층유리
주소	사무실 경기도 광주시 곤지암읍 구수동길 4 11 공장 경기도 이천시 대월면 군들로 163
연락처	사무실 ☎ 031-736-5300 공장 ☎ 031-634-9751 ✉ youngdong220@yahoo.com

(자)우진창호
가공 제품	강화유리, 복층유리, 접합유리
주소	강원도 원주시 문막읍 보통로 31
연락처	☎ 033-747-6245 ✉ wj6204@hanmail.net

참고자료

단행본
— 조준현·조민석.『건축재료학』. 기문당, 2017.
— 고영애.『내가 사랑한 세계 현대미술관 60』. 헤이북스, 2017.
— 유현준.『도시는 무엇으로 사는가』. 을유문화사, 2015.
— 박선우.『유리건축』. 우리북, 2018.
— 마크 어빙.『죽기 전에 꼭 봐야 할 세계 건축 1001』. 박누리 외 2명(역). 마로니에북스, 2009.
— 조호건축 외 7명 지음.『클럽나인브릿지 파고라』. 공간서가, 2018.
— Schittich, and others. Glass Constructional Manual. Birkhauser, 2007.

논문
— 이상진. "유리 건축 - 무한한 가능성의 시작인가?".『건축』, 2004, 9, pp. 24-27.
— 전영훈, 차미정. "현대 건축에서 발현된 유리외피의 개념변화에 관한 연구".『대한건축학회 논문집』, 2009, 11, pp. 13-20.
— 백상훈, 박진철. "난방부하 절감을 위한 진공유리의 열 성능 분석".『대한설비공학회 학술발표대회논문집』, 2015,6, pp. 359-362.
— 김동준. "커튼월 건축물의 화재 수직 확산 방지 노즐".『설비저널』, 2018, 2, pp. 34-40.
— 박재연. "건축재료로서 유리의 특징 및 사용동향".『설비저널』, 2007,8, pp. 11-18.
— 임태영. "판유리산업의 현황 및 향후 전망".『세라미스트』, 2004,8, pp. 65-75.

웹사이트
— 한글라스 www.hanglas.co.kr
— KCC유리 www.kccworld.co.kr
— LG하우시스 www.lghausys.co.kr
— 아키데이터 www.archidata.co.kr
— MVRDV www.mvrdv.nl
— Fondazione Renzo Piano www.fondazionerenzopiano.org